嬰幼兒托育環境評量表—修訂版

Infant/Toddler Environment Rating Scale®
REVISED EDITION

ITERS-R

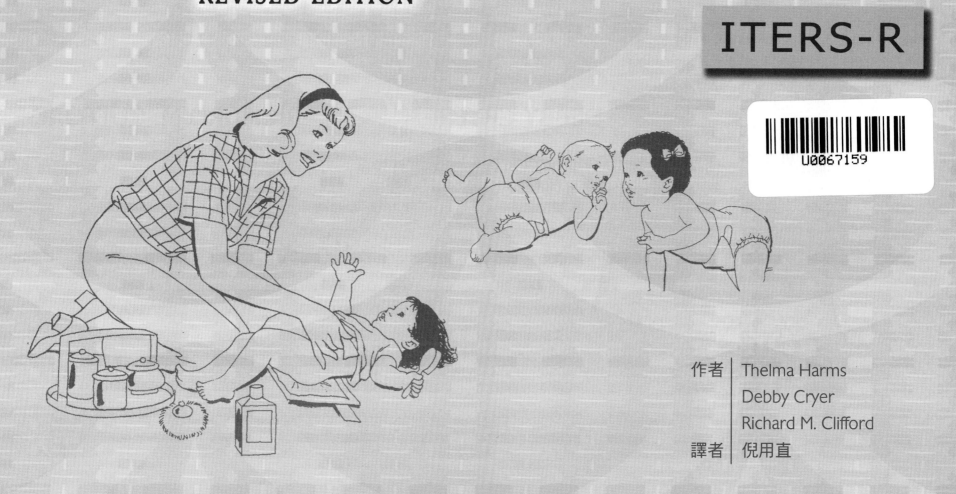

作者 | Thelma Harms
Debby Cryer
Richard M. Clifford

譯者 | 倪用直

INFANT/TODDLER ENVIRONMENT RATING SCALE®

REVISED EDITION

THELMA HARMS   **DEBBY CRYER**   **RICHARD M. CLIFFORD**

Frank Porter Graham Child Development Institute
The University of North Carolina at Chapel Hill

Teachers College, Columbia University
New York and London

Published by Teachers College Press, 1234 Amsterdam Avenue, New York, NY 10027

Copyright © 2003 by Thelma Harms, Deborah Reid Cryer, and Richard M. Clifford

Complex Chinese Edition Copyright © 2008 by Psychological Publishing Co., Ltd.

關於作者

Thelma Harms

法蘭克・波特・葛拉翰兒童發展中心課程發展部門主任；北卡羅萊那州立大學教堂山分校教育學院研究教授

　　Harms 博士在營造高品質學前教育環境及教育機構評量方面的成就享譽國際。她曾擔任加州州立大學柏克萊分校的哈洛・瓊斯兒童研究中心的主教老師長達十五年的時間。Harms 博士開發了多種課程教材與師資培訓計畫，她最近所做的培訓與諮詢，則將焦點放在使用本量表的技術支援層面，以及協助政府建立具公信力的系統，以評量及獎勵高品質的托育機構。

Debby Cryer

法蘭克・波特・葛拉翰兒童發展中心研究員；北卡羅萊那州立大學教堂山分校

　　Cryer博士曾經任教與指導過許多學前教育機構。她從事學前教育機構品質相關的寫作已有超過二十年的歷史。她也是「自主學習系列」課程書籍的主要作者，並具有指導不同學前教育機構的豐富經驗。她目前致力於保育人員的持續性對幼兒發展影響的研究；同時也指導許多幼托機構，協助他們評量與改善托育品質。

Richard M. Clifford

法蘭克・波特・葛拉翰兒童發展中心資深研究員；北卡羅萊那州立大學教堂山分校教育學院研究副教授

　　Clifford博士的著作和諮詢一向都專注於兒童與家庭的領域，尤其特別關注政府對幼兒教育政策的涉入。此外，他也主導了許多早期學習環境及其對幼兒影響的研究。目前他是國立早期發展與學習中心及國立學前教育中心的副主任。Clifford 博士亦曾經擔任美國 NAEYC（美國幼兒教育協會）的理事長。

　　進一步的相關資訊，請光臨環境評量工具網站：http://www.fpg.unc.edu/～ecers

關於譯者

倪用直

　　美國印地安那州博爾州立大學幼教博士，國際 AMI 蒙特梭利合格教師。曾擔任中台醫護技術學院幼兒保育科主任、朝陽科技大學幼兒保育系主任、人文暨社會學院代理院長。近二十年來投入 0～3 歲學前教育領域，為推動嬰幼兒保育、親職教育及專業保母工作不遺餘力。2003 年並為台中市政府設計規劃全國第一所「保母資源中心」，因深入社區全面服務成效卓越，於 2012 年由內政部兒童局提升為全國性的「托育資源中心」，目前在各縣市均普遍設置。目前為朝陽科技大學幼兒保育系專任副教授。

修訂版感言

多年以來，有許多美國、加拿大、歐洲及亞洲的工作夥伴們，在他們的研究、托育機構的改善，與督導工作中曾經使用過《嬰幼兒托育環境評量表》，皆慷慨的與我們分享他們的心得，使我們的工作受惠良多。這一次與量表使用者的公開討論，促使我們做更深入的思考，對我們有莫大的助益。我們也要特別感謝回應我們問卷調查的朋友們，提供對《嬰幼兒托育環境評量表》修訂的諸多意見。我們也仔細的閱讀與討論每一項建議，雖然無法親自向每一位致謝，但是我們希望各位知道，您的指導對量表的修訂是多麼具有意義。

我們特別要對以下的人士致意：

- 感謝參與教堂山地區有關融合教育及多元文化議題討論的焦點團體夥伴們：Wanda Ferguson、Adele Ray、Theresa Sull、Marti Brown、Marie Gianino、Tanya Clausen、Anne Carver、Amy Hoglund、Quwanya Smith、Beth Jaharias、Sarah Hurwitz、Valerie Wallace、Stephanie Ridley、Betty De Pina、Vicki Cole、Melissa Miller 及 Giselle Crawford。

- 感謝參與實地測試的觀察人員，他們辛苦的蒐集資料以及最後給我們的寶貴批評與建議：Cathy Riley、Lisa Waller、Kris Fulkerson、Megan Porter、Kim Winton 及 Lisa Ann Gonzon。

- 感謝 Megan Porter 幹練的規劃與執行實地測試。

- 特別感謝 Cathy Riley、Lisa Waller、Kris Fulkerson 及 Megan Porter，因為他們詳細的回饋與寶貴的建議。

- 感謝 Ethan Feinsilver 及他的助理 Mary Baldwin 全心全力的準備本書的初稿。

- 感謝 Susan Liddicoat（她是我們教育學院出版社的編輯）的耐心與堅持。

- 感謝 David Gardner 仔細分析實地測試的各項數據資料。

- 感謝法蘭克‧波特‧葛拉翰兒童發展中心的全體同仁，長久以來全力支持我們的工作。

- 感謝教堂山地區的杜漢嬰幼兒托育中心的工作人員，提供我們實地觀察的環境，在我們研究工作中占有一份特別重要的地位。

- 感謝法蘭克‧波特‧葛拉翰兒童發展中心的主任 Dr. Don Bailey 提供一筆小額基金，用來支持《嬰幼兒托育環境評量表》修訂工作的焦點團體。

- 感謝「A.L.郵務人員家庭基金會」的總幹事 Luba Lynch 及主任 Betty Bardige 對實地測試及光碟訓練套組的經費補助，尤其激勵我們的信念及對我們工作的重視。

Thelma Harms, Debby Cryer, and Richard M. Clifford

法蘭克‧波特‧葛拉翰兒童發展中心

2002 年 8 月

譯者序

　　近年來由於幼托整合政策的推動，政府必須制訂新的法源以符合當今社會的需求，「兒童教育及照顧法」草案則應運而生。此項新法與以往兒福法規不同處，是將零歲至兩歲嬰幼兒照顧的相關規定均納入法案。

　　上述企機也帶動國內許多嬰幼兒托育機構的成立。這些新設立的機構有部分是附設在托兒園所內，有一些則為專設的托嬰中心，由於政府尚未對嬰幼兒托育環境的施行細則作出清楚規範，因此，目前坊間托育環境的品質益顯參差不齊，更突顯出相關專業指標的必要性。

　　有幸連續翻譯了兩本 Dr. Harms 與 Dr. Clifford 共同主導的嬰幼兒環境評量表；前一冊是以居家托育環境為主的《家庭托育評量表》（FDCRS），此次則為《嬰幼兒托育環境評量表—修訂版》（ITERS-R），這兩份評量工具均可稱為托育環境專業領域中的代表性作品。

　　ITERS-R 是專為出生至三十個月，以機構式托育環境為前提撰寫的評量工具書。由於本書是國際知名學者主導的研究成果，因此它充分具備了學理與研究的基礎。它的結構非常簡單明瞭，所以不但是一份淺顯易懂的實務性環境評量指標，更是一份深入淺出的教科書；不同需求的讀者均可以在其中獲得豐富的專業知能。

　　這些年在幼保教學與保母實務推廣的經驗中，倍感缺乏的是提供學生或保母姐妹們一本容易看得懂，但又具備高嚴謹度的專業工具書。此次譯書的成果令我感到欣慰的是在嬰幼兒保育教學、嬰幼兒托育環境的評鑑與相關研究，終於有一份信效度皆高的中譯本工具書供各界使用。

　　譯書的工作要感謝台中市保母資源中心的張美欣小姐、謝佩雲小姐及萬玟好小姐，她們在電腦製圖及文書工作方面，給了我全力的支援。

　　在此，我也要向心理出版社的全體同仁致謝，尤其感謝林敬堯總編輯的支持，讓我有機會完成一系列評量書籍的譯者；同時也要感謝陳文玲小姐的耐心與協助，沒有她的幫忙，許多細部的工作無法完成。最後，更希望運用此書的讀者，能夠使您的工作更趨完善，因為如何讓嬰幼兒們在優質的托育環境中成長，都是我們一致努力的目標。

倪用直　謹識
2008 年 8 月 8 日

目錄

嬰幼兒托育環境評量表—修訂版　概論

　　《嬰幼兒托育環境評量表—修訂版》（簡稱ITERS-R）是由 1990 年出版的《嬰幼兒托育環境評量表》修訂而來。它是一系列的四種量表之一，這個系列的量表具有共同的架構和評分方式，但是在評量的標準方面，會因對象不同而有相當的變化，因為每個量表是評估不同年齡層的孩子及／或不同型態的發展環境。ITERS-R 保留了原來對環境所下的廣義定義，包含：空間規劃、互動、各種學習活動、日常作息和家長與教職員所作的準備。其 39 個評量項目被歸納為七個分量表：空間與設備、日常例行照顧工作、傾聽與交談、學習活動、互動、課程結構、家長與教職員。本量表的設計主要是評估孩子從出生到三十個月的階段，這個階段嬰幼兒的生理、心理、情緒均是發展上最容易受到傷害的時期。因此，ITERS-R 所設計的項目是用來評估這些為嬰幼兒預備的環境，是否能保護孩子的健康與安全，是否透過語言、活動提供適當的刺激，及給孩子一個富於溫暖支持的互動環境。

　　的確，如何滿足嬰幼兒在集體托育環境中的需求，是一項相當具挑戰性的工作，因為每個稚幼的孩子都需要個別悉心的照顧以茁壯發展。目前許多家庭因為經濟上的壓力必須藉由宅外托育的方式來照顧嬰幼兒，這個現象已不是少數的個案而是非常普遍的趨勢。若從社會的角度來看，我們也的確慢慢的意識到，必須面對為嬰幼兒準備最理想發展的環境這樣的挑戰。不過長久以來，專業幼教人士已經不斷的為規劃每天嬰幼兒應有的豐富與刺激的托育環境而努力。所以一份完備、可靠及有效的工具，用以評估托育環境的品質，並能量化在教室內所觀察到的活動，必然在改善嬰兒／學步兒托育環境的品質方面扮演重要的角色。

　　為了要定義以及測量品質，ITERS-R 由三個主要的來源蒐集資料：一些相關領域的研究結果（健康、發展和教育）、專業人士的觀點及托育環境的實際經驗。ITERS-R所訂的標準則是依據這些資訊，來研判哪一些是對嬰幼兒目前在托育中心及未來長遠發展的有利條件。我們在這裡所持的態度，也是我們設計所有環境評量工具的原則，就是——堅持給孩子最好的東西。

修訂過程

　　修訂過程主要依據四種資訊：(1)早期發展的研究及托育環境對嬰幼兒健康與發展影響的相關報告；(2)原版本的 ITERS 和其他類似年齡層評量工具內容的比較，以及蒐集更多對托育環境品質的相關報告；(3)由 ITERS 的使用者、我們網站上的調查問卷，以及對 ITERS 熟悉的焦點團體所回饋的資

料；與(4)兩位 ITERS 協同作者和超過二十五位來自「北卡羅萊那州執照分級研究計畫」受過 ITERS 訓練的評量人員，長達兩年以上密集使用的結果。

托育環境品質的相關研究結果提供我們訂定不同項目的評分標準、一些較難處理項目的資料，以及評量項目的效度。評量工具內容的比較，幫助我們檢驗是否需要增加或刪除評量項目。但是到目前為止，在修訂過程中獲得最有幫助的指引則是使用者回饋的資料。另外，有許多曾經在研究、督導及托育機構改善計畫中使用過 ITERS 的美國、加拿大及歐洲的同業們，以他們使用量表的經驗，也提供我們許多非常有價值的建議。此外，焦點團體的討論，讓我們在 ITERS 的修訂過程中，更敏感的意識到多元文化與融合的議題。

ITERS-R 的修訂

為接續 ITERS 和 ITERS-R 之間的連續性，我們保留了原有相類似的基本架構及內容，但也做了以下的改變：

1. 在每個項目之下，顯示不同品質程度的指標均加以編號，並且可以在評分表上「是」、「否」或「不適用」（NA）等選項中做適當的勾選。這樣的作法能更精確的反應出受評項目的優缺點。

2. 在最低層次的負面指標已經由項目中刪除一條，目前僅在 1（不適當）出現。在 3（最低要求）、5（良好）、7（優良）則列出正向的指標。這是在原有 ITERS 評分規則中唯一有刪除的部分。

3. 「說明」部分提供更多的資訊以增進評分的正確性，並解釋一些特定項目和指標的意義。

4. 在量表中增加指標及範例，使評量項目更具融合性及多元文化的敏感性。這是依據量表使用者的建議，在量表中增加指標與範例而不再增添新的分量表。

5. 幾個分量表中的新增項目：
   - 傾聽與交談：項目 12「協助幼兒了解語言」，項目 13「協助幼兒使用語言」。
   - 學習活動：項目 22「自然／科學」，項目 23「使用視聽及／或電腦設備」。
   - 課程結構：項目 30「自主遊戲」，項目 31「團體遊戲活動」。
   - 家長與教職員：項目 37「教職員的持續性」，項目 38「教職員的評量與管理」。

6. 在「空間與設備」的分量表，我們合併了一些重複的項目；另外有兩個項目納入「日常例行照顧工作」分量表中：即項目 12「健康策略」，項目 14「安全策略」。研究顯示這兩個項目評量結果通常分數都比較高，因為它們基本上是以依循法規為主，但是其他項目則是評估現場實務，

分數相較之下就低了許多。ITERS-R 應該專注於實務演練方面，因為它的主要目的是評量環境的品質。

7. 在「日常例行照顧工作」分量表中的一些項目，則修正得更具漸次性以反應真實環境中健康措施的不同層次，包括：項目 6「迎接／送離」，項目 7「正餐／點心」，項目 9「換尿布／如廁」，項目 10「保健措施」，項目 11「安全措施」。

8. 每一個評量項目是獨立分頁的，並且有「說明」欄在後做補充解釋。

9. 對於難以觀察的指標，則輔以預先擬妥的問題，供觀察者做進一步探詢。

信度與效度

前文曾提及 ITERS-R 是由普遍使用的《嬰幼兒托育環境評量表》（ITERS）修訂而來，該表為一系列用以評估幼教環境品質的工具之一。《嬰幼兒托育環境評量表》加上最先發展出來的《幼兒學習環境評量表》（ECERS）和最近ECERS的修訂版（ECERS-R），均使用於美國以及其他許多國家的重要研究計畫。在這些廣泛的研究中皆記錄了量表使用上的信度，和與其他評量環境品質的工具相較之下的效度，以及使用不同環境評量方式檢驗幼兒在教室中發展的成果。

尤其是 ECERS 和 ITERS 的評量得分也可用品質相關的結構性因素來做預判：例如，生師比、班級的大小及教職員的教育程度（Cryer, Tietze, Burchinal, Leal, & Palacios,1999; Phillipsen, Burchinal, Howes, & Cryer, 1998）。而這些評量得分也可能與其他一般認為和品質相關的特質有所關聯，如教師的薪資、托育機構的資本額（Cryer et al., 1999; Marshall, Creps, Burstein, Glantz, Robeson, & Barnett, 2001; Phillipsen et al.,1998; Whitebook, Howes, & Phillips, 1989）。此外，評量的得分亦可預估孩子的發展（Burchinal, Roberts, Nabors, & Bryant, 1996; Peisner-Feinberg et al., 1999）。

由於原版 ITERS 的同時效度與預估效度皆已奠定良好的基礎，而且目前 ITERS-R 修訂版仍維繫原版評量工具的本質。因此 ITERS-R 的研究集中在，修訂後的版本是否能讓訓練過的觀察人員仍然確保使用上的信度。我們也需要更多的研究來持續記錄和其他環境品質評量工具間的關係，以及記錄它預估孩子發展的能力。一個在 2001 和 2002 年執行的兩階段研究，奠定了本量表的信度基礎。

第一個是預試階段，在這個階段總共有十位經過訓練的觀察員以兩人或三人為一組的方式，使用第一次修訂的量表，在九個嬰兒及／或學步兒托育中心做了十二次的觀察。經過這些觀察後，依據預試中產生的問題，將量表修訂版本做了一些調整。

最後階段的實地測試涉及到更嚴謹的信度檢測。在這個階段有六位受過訓練的觀察員共實施了四十五次兩人一組的觀察。每次觀察大約使用三個小時，接著有二十至三十分鐘的教師面談。這些被觀察的中心均經過挑選，以作為北卡羅萊那州托育機構不同品質等級的代表。北卡羅萊那州有一個

依據托育環境品質的評量得分來核發執照的制度。托育中心依評量得分總數而被核發一至五顆星等級的執照。中心若獲得一星級執照，表示僅達執照法規的最低標準；而五星級的執照則具最高層次的標準。對於這次研究使用的樣本，我們選取了十五個一或二星級，十五個三星級和十五個四或五星級的中心。這些被選取的中心也各代表收托幼兒的不同年齡層。被觀察的四十五個班級，十五個是由十二個月以下年齡層的班級選出；十五個由十二至二十四個月的班級中選出，另外的十五個則由十八至三十個月的班級中選出。這些班級又是由三十四個不同的中心挑選出來，其中七個中心有收托特殊幼兒。所有參與研究的中心均選自北卡羅萊那州中部地區。

這次的實地測試資料由每組兩位觀察員各在四十五個團體環境中觀察，最後獲得九十個觀察結果。多項量表信度的檢測均經過精確的計算。

指標信度

經修訂後的《嬰幼兒托育環境評量表》共計 39 個項目，包含了 467 個評量指標。所有的指標信度（indicator reliability）達到 91.65%。一些研究者常在他們的研究裡省略了「家長與教職員」的分量表。因此，我們僅計算與幼兒相關的前六個分量表，也就是項目 1 至 32 的指標信度。這些項目中的 378 個指標獲得觀察者 90.27% 的一致認同。只有一項指標信度低於 80%（項目 11「安全措施」為 79.11%）。獲得最高指標信度的項目為項目 35「提供教職員專業上的需求」，一致性為 97.36%。顯而易見的，《嬰幼兒托育環境評量表—修訂版》的指標信度，獲得觀察者的高度認同。

項目信度

因評分系統的性質，理論上可能造成指標信度高於項目信度（item reliability）。有兩種項目信度經過計算。第一種是透過兩人一組的觀察者，檢驗在七點量表上得分差異在 1 分以內的項目。在與幼兒相關的 32 個項目裡，項目信度達到 83% 的水準。對於全部 39 個項目而言，得分差異在 1 分以內的項目達 85%。得分差異在 1 分以內項目的信度係數由最低的項目 4「室內規劃」為 64%，到最高的項目 38「教職員的評量與管理」為 98%。

第二種比較保守的信度檢測方式為 Cohen's Kappa。它主要在比對兩種不同的成績。Kappa 對前 32 個項目的平均加權是 .55，對全部 39 個項目成績的平均加權為 .58。加權後最低的項目為項目 9「換尿布／如廁」，加權值是 .14。最高的為項目 34「提供教職員個別所需」，加權值高達 .92。只有兩個項目 Kappa 的加權值低於 .40（項目 9「換尿布／如廁」和項目 11「安全措施」，Kappa 的加權值為 .20）。在這兩個項目，它們的平均值也是非常的低。Kappa 統計方法的特性是對於變異性小的項目，即使兩個觀察者之間有些微差異，內部信度都會特別敏感。作者與觀察者皆同意，這些低成績的項目是正確反應出被觀察群體的狀況，所以任何改變以增加變異性將會在這兩個項目間反應出不正確的品質面貌。作者小心的檢測這些 Kappa 加權低於 .50 的項目，在不變更基本內容的原則下，做些微的改變以改善其內部信度。這些改變應已在量表譯本中做變更。綜觀之，即使使用更保守的信度

檢驗，整體的結果仍顯示令人滿意的信度水準。

整體信度

以整體評量工具而言，全部 39 個項目和與幼兒相關的 32 個項目，兩者內部水準相關性係數皆達 .92。七個分量表的內部相關（intraclass correlations）顯示如表一。其中要注意的是「課程結構」的分量表是將項目 32 排除在外，因為只有少數受評團體收托障礙幼兒。若與所有項目檢驗後的高層次信度一起參考，顯示本量表具可接受的信度水準。在此同時要強調的是實地施測中參與的觀察人員皆受過訓練，以及對如何運用量表有非常明確的概念。

表一　分量表間的內部相關性

分量表	相關係數
空間與設備	0.73
日常例行照顧工作	0.67
傾聽與交談	0.77
學習活動	0.91
互動	0.78
課程結構	0.87
家長與教職員	0.92
整體量表（項目 1-39）	0.92
與幼兒相關項目（1-32）	0.92

內部一致性

最後我們檢驗量表的內部一致性（internal consistency）。這是檢驗整個量表和各分量表間概念共同性的程度。整體而言，量表以 Cronbach's alpha 測量的內部一致性係數高達.93。與幼兒相關的項目 1 至 32，alpha 值為 .92。這個檢驗顯示出測驗工具施測時的一致概念達到高程度的信賴水準。其

次，結果亦顯示出分量表一致性的程度。表二呈現每個分量表的 alpha 值：

表二　內部一致性

分量表	Alpha 值
空間與設備	0.47
日常例行照顧工作	0.56
傾聽與交談	0.79
學習活動	0.79
互動	0.80
課程結構	0.70
家長與教職員	0.68
整體量表（項目 1-39）	0.93
與幼兒相關項目（1-32）	0.92

Cronbach's alphas 值達到 .6 或是更高的係數，一般來說這是可以接受的內部一致性水準。因此，在運用「空間與設備」和「日常例行照顧工作」兩個分量表時要特別注意。而課程結構中的項目 32「提供障礙幼兒所需」受評的單位卻很有限，因為只有少數幾個中心收托被鑑定為殘障的幼兒，所以這個分量表在做內部一致性檢驗時，是將項目 32 排除在外的。因此，作者也建議當使用「課程結構」分量表時應排除項目 32，除非大部分受評的托育機構收托障礙幼兒。

整體而言，經過實地測試證明在量表的項目間及量表整體的得分具有高水準的評分者間信度（interrater agreement）。這些研究結果也與原版的 ITERS 與 ECERS 和 ECERS-R 所做的類似研究結果相吻合。上述所做的研究結果也經過其他研究的實證，因此這些量表也被證明在廣泛的幼兒托育環境品質的研究中頗具實用價值。同時這些量表也顯示出使用者的便利性，觀察者只要經過適度的訓練與指導便可達到應有的信度。

參考文獻

American Academy of Pediatrics, American Public Health Association, and National Resource Center for Health and Safety in Child Care. (2002). *Caring for Our Children: the National Health and Safety Performance Standards for Out-of-Home Child Care, 2nd edition.* Elk Grove Village, IL: American Academy of Pediatrics.

Burchinal, M., Roberts, J., Nabors, L., & Bryant, D. (1996). Quality of center child care and infant cognitive and language development. *Child Development, 67,* 606–620.

Cryer, D., Tietze, W., Burchinal, M., Leal, T., & Palacios, J. (1999). Predicting process quality from structural quality in preschool programs: A cross-country comparison. *Early Childhood Research Quarterly, 14*(3).

Marshall, N. L., Creps, C. L., Burstein, N. R., Glantz, F. B., Robeson, W. W., & Barnett, S. (2001). *The Cost and Quality of Full Day, Year-round Early Care and Education in Massachusetts: Preschool Classrooms.* Wellesley, MA: Wellesley Centers for Women and Abt Associates, Inc.

Phillipsen, L., Burchinal, M., Howes, C., & Cryer, D. (1998). The prediction of process quality from structural features of child care. *Early Childhood Research Quarterly, 12,* 281–303.

Peisner-Feinberg, E. S., Burchinal, M. R., Clifford, R. M., Culkin, M. L., Howes, C., Kagan, S. L., Yazejian, N., Byler, P., Rustici, J., & Zelazo, J. (1999). *The children of the cost, quality, and outcomes study go to school: Technical report.* Chapel Hill: University of North Carolina at Chapel Hill, Frank Porter Graham Child Development Center.

Whitebook, M., Howes, C., & Phillips, D. (1989). *Who cares? Child care teachers and the quality of care in America. National child care staffing study.* Oakland, CA: Child Care Employee Project.

嬰幼兒托育環境評量表─修訂版　使用說明

　　無論是在自己的班級運用 ITERS-R 做自我評量或以外部觀察員（outside observer）的身分為托育機構做評鑑、督導或研究，正確的使用 ITERS-R 是相當重要的。Teachers College Press 發行的 ITERS-R 訓練光碟（編註：中文字幕版光碟由心理出版社出版）可以作為自我學習或團體訓練的方式之一。在正式使用本量表之前，建議應先參加由有經驗的 ITERS-R 訓練人員指導的訓練課程。為未來將要以 ITERS-R 做機構評鑑、督導或研究的觀察學員所規劃的課程，應該由有經驗的訓練人員引導一小組學員進行兩間教室的觀察演練，然後再實施評分者間的信度檢驗。若有必要，應增加額外的實地施測以求取合適的信度水準，或在受訓者間建立工具使用的信度。任何計畫使用此量表的人員，在正式進行托育機構評估前，應仔細閱讀接下來的使用說明。

評量表的使用

1. 本量表的設計，是同一時間，在單一空間（教室）或單一團體（班級）內使用，觀察對象為出生至三十個月的嬰幼兒。如果你是一位外部觀察員──不是被觀察單位教職員的一份子（例如：中心負責人、顧問、執照核發單位人員和研究人員），那麼你最少需要規劃三個小時來做觀察與評量。

2. 觀察前，請先填妥評分表首頁的相關資料。有部分資料你需要詢問教師，尤其是年齡最大與最小幼兒的出生年月日、目前中心受托的幼兒人數，以及其中是否有被鑑定為殘障的幼兒。觀察結束前，請確認首頁所需的資料是否均已填寫完畢。

3. 開始觀察前，利用一些時間讓自己熟悉教室環境。

   - 你或許可以從項目 1 至 5「空間與設備」開始觀察，因為其中一些指標比較容易觀察，而且通常在觀察期間是不會有所變化的。

   - 一些項目需要觀察在一天中只有特定時段才會進行的事件或活動（例如：項目 6 至 9 的「日常例行照顧工作」，項目 16 的「肢體活動」）。要注意這些項目相關的活動，這樣當它發生時才能即時做觀察和評量。

   - 一些需要評估相互間關係的項目，只有在觀察者充分觀察一段時間後，才會看出一些具代表性的景象（例如：項目 12 至 13「語言」的相關

項目,項目 25 至 28「互動」的相關項目)。

- 項目 14「圖書的使用」和項目 15 至 24 的「學習活動」分量表,需要同時檢查這些教材以及觀察如何使用這些教材。

4. 觀察時須注意不可干擾進行中的活動。

- 保持愉悅但中立的面部表情。

- 不可與孩子互動,除非發現必須立即協助處理的危險。

- 不可干擾或與教職員交談。

- 注意自己在室內所處的位置,避免干擾周遭環境。

5. 和教師預先約定時間,以便詢問一些無法觀察到的指標相關問題。教師在回答問題時,他/她必須暫停照顧幼兒。回答問題約需二十至三十分鐘時間。為能有效運用發問時間,宜將下列工作備妥:

- 只要合宜,儘量善用已備妥的問題。

- 如果你必須提出與觀察項目相關,但準備的例題中又沒有的問題,那麼在與老師交談前,請先在評分表或其他紙張上擬妥你將要問的問題。

- 只詢問那些可能會因此決定給較高分數的問題。

- 依評量表項目的排序,一次只提出一個項目的問題,並於進行下一個項目提問前,在評量表上做好筆記或決定所得分數。

6. 從 61 頁開始,有總共 7 頁的評分表,提供一個便利的方式,以記錄所評量的指標、項目、分量表和總成績,以及個人的意見。評分表後的側面圖可以將這些資料以圖表的方式呈現出來。

- 每次觀察必須使用新的評分表。**影印之同意權僅限於評分表及側面圖的影印,而非整本量表。**

- 評量得分數必須在觀察甫結束或離開托育中心前,即時登錄在評分表上。評量分數不可稍後憑記憶做記錄。

- 先完成評量報告,其中包括所需的各項報告,才可再進行另外一次觀察。

- 建議觀察過程中填寫評分表時,使用鉛筆和品質佳的橡皮擦,以便於修改。

評分系統

1. 仔細閱讀整冊評量表,包括所有的評量項目、說明和問題。為求精確起見,所有分數的評定必須儘可能完全依據評量表各項目所提供的品質指

標來判斷。

2. 觀察過程中,評量表應隨時備用和經常的查看,以確認給分的正確性。

3. 提供的範例或許與指標的內容不完全相同,但是應與指標的意涵相似,可作為指標評分的參考。

4. 成績評定應依據現場所觀察的實況或教職員的報告,而非未來的計畫。若部分評分依據的資料無法觀察到,你可利用提問時,教職員回應的答案來決定得分。

5. 評量表所要求的規範,應適用於團體中**所有**被觀察的幼兒,除非項目中註記特殊狀況。

6. 進行項目評分時,必須由 1(不適當)的指標內容開始讀起,並依序往上,停止在與現場品質相符的指標處。

7. 對已經觀察過的現場,如果狀況與指標內容敘述**相符**,則在評分表上勾選「是」;如果所觀察到的狀況與指標內容**不符**,則在評分表上勾選「否」(對每一項編號的指標,先問自己:「情況的確是這樣嗎,是或否?」)。

8. 依照下列方式來決定得分的等級:

- 如果在 1 的欄位下**任何**指標被勾選「是」,則評定為 1 分。

- 當所有在 1 的欄位下的指標被勾選「否」和至少一半在 3 的欄位下的指標被勾選「是」,則評定為 2 分。

- 當所有在 1 的欄位下的指標被勾選「否」和所有在 3 的欄位下的指標被勾選「是」,則評定為 3 分。

- 當所有的條件符合 3 和至少一半在 5 的欄位下的指標被勾選「是」,則評定為 4 分。

- 當所有的條件符合 3 和所有在 5 的欄位下的指標被勾選「是」,則評定為 5 分。

- 當所有的條件符合 5 和至少一半在 7 的欄位下的指標被勾選「是」,則評定為 6 分。

- 當所有的條件符合 5 和所有在 7 的欄位下的指標被勾選「是」,則評定為 7 分。

- 「不適用」的評分:只有某些指標或整個項目在量表顯示「允許不適用」和評分表上顯示「不適用」時,才有可能加以勾選。當決定項目評分時,該項目內被勾選「不適用」的指標將不列入計算。而進行分量表及總結評分時,所有被勾選「不適用」的項目亦不列入計算。

- 分量表平均分數的計算,是加總分量表內每個項目的分數並除以被評項目的總數。量表總平均分數的計算,是加總所有項目的分數除以全部量表被評項目的總數。

變更評分方式的選擇

　　由於 ITERS-R 中的每個指標都可加以評量，因此即使該項目內的指標均已勾選並評定得分，仍然可以繼續往上做指標的評量。依據上述的評分方式，指標的評分通常會停止在與品質相符的指標處。然而，如果是為了研究或是中心改善計畫的目的，在該項目的品質水準以上還想要獲得更多的訊息，觀察者可以繼續評量項目內所有的指標。

　　如果決定選擇變更評分的方式，並且計畫要評量所有的指標，那麼觀察和提問的時間將需要做適度的延長。一次完整的觀察時間約需三個半至四個小時，提問時間大約四十五分鐘。經由這種方式所獲得的額外資訊，則相當有助於特定問題的改善和對於研究結果的詮釋。

評分表與側面圖

　　評分表同時提供指標與項目的計分。指標計分的方式為「是」、「否」和「NA」（不適用），它只能標註在選定的指標處。項目計分為 1（不適當）到 7（優良）和 NA（不適用），同樣的，它也只能圈選在選定的項目得分處。在計分欄側預留的空間，是評分時作筆記用。由於筆記在與教職員諮商時，作為提供改善的意見特別有幫助，因此我們建議應該在另外的紙張上做更詳盡的筆記。

　　每個指標須注意在正確的框內勾選「是」、「否」或「NA」（不適用），並清楚的圈選以數字表示的項目品質得分數（參閱第 60 頁範例）。

　　「側面圖」是以圖解的方式將所有項目與分量表的得分呈現出來。它可以用來比較強勢與弱勢的領域，並由項目與分量表中找出需改進的部分。側面圖中也會呈現各分量表的得分平均值。兩次觀察評量結果的側面圖也是並排的呈現，可由視覺上觀察到前後不同的變化（參閱第 60 頁範例）。

評量表字詞釋義

　　容易取得的（accessible）：幼兒容易拿到，並且被允許使用玩具、教具、家具與／或設施。放置在開放架上的玩具必須設計成讓幼兒容易拿得到，不能有障礙阻止幼兒取得，例如：如果玩具放置在有蓋子的容器內，而孩子無法自己開啟的話，就是種不易取得的狀況；除非在觀察的過程中，看到成人開啟不同的玩具儲放箱，並且可由跡象中判斷，中心在日常作息中常有孩子自由選取玩具的規劃。假使玩具教材平常儲放在孩子無法取得的地方，

那麼這些器材在使用時必須要放在幼兒可以拿得到的範圍內,才可被視為「容易取得」,就可以給分,例如:玩具放置的地方是無移動能力的嬰兒無法接近的,那麼教職員就要把孩子安置在玩具旁邊,或者把玩具移至嬰兒身旁。觀察過程中,若證據顯示教職員經常提供多種玩具給孩子使用,則「容易取得」可以給分。

適當的、適合的、合宜的(appropriate):在不同的項目中都會用到「適當的」這個詞,這是指在年齡和發展上對所被觀察的幼兒都是適當的。例如:項目 5「為幼兒做的展示」,項目 7「正餐/點心」,以及項目 14「圖書的使用」等,在這些項目敘述中都有使用到「適當的」。在針對某一特定的評量指標中,要判斷是否已達到文中所指的「適當的」意涵,觀察者必須要考量這些對幼兒的保護、刺激以及正向的關係,是不是從有意義及具支持性的角度來實施的。

洗手(handwashing):對於嬰兒、學步兒及教職員,洗手時一定要使用肥皂,並且以流水最少沖洗五至十秒鐘(約唱一遍 Row, Row, Row Your Boat 的時間),擦乾手時可以使用乾紙巾,而且紙巾不可以共用,或者用烘手機吹乾。使用濕紙巾或者「乾洗手」的洗手精均不能替代洗手的功能,因為這些方法都不能有效殺菌。但是,對於無法控制頭部或身體的小嬰兒,一次性使用的清潔紙巾是可以接受的替代方法。教職員為孩子換尿布時,即使有戴上手套,仍應在換完尿布後,徹底的將雙手清洗乾淨。在項目 7「正餐/點心」,項目 9「換尿布/如廁」,以及項目 10「保健措施」的附註說明中,均有詳細的指引。

嬰兒/學步兒(infants/toddlers):嬰兒是指出生到十一個月大的孩子。學步兒的年紀是介於十二至三十個月。在所有的項目或指標中,假使有某一特定年齡層的劃分(例如:當所有孩子都小於十二個月時,分數會評為「不適用」),某些程度的彈性是可以允許的。假設只有一位孩子的年紀超過了年齡層的界限,而超過的年紀又不足一個月,那這個項目/指標,仍須被記為「不適用」)。如果這個孩子的年紀超過界定的年齡層一個月以上,或者被觀察的團體中有兩個或以上的孩子達到年齡層界限,則此項目或指標必須計分,即使中心已有計畫擬將孩子轉到較年長的團體,但因考核是依據當時的情況評定,所以計分是必然的。但是,當有特殊障礙幼兒在此團體時,則此規則是可以例外的。在這種情況下,需求的標準是依孩子的能力和障礙的程度來判定,例如:一個語言障礙的孩子,沒有其他肢體上的障礙,那麼一些和標示、口語無關的必要設備和活動仍須提供。

一天中大多數時間(much of the day):是指在這段時間內,孩子容易取得玩具、教材。這也表示大多數的時間幼兒是在清醒的狀態,同時需要遊戲活動。又因為許多年齡小的嬰幼兒是需要個別照顧的,因此任何孩子在醒著的時候,均應提供玩具。假使孩子因為冗長的例行活動、團體時間,或者所處的地方搆不著、摸不到任何玩具(例如:在高腳椅上、在圍欄內、戶外空間等沒有提供玩具;無移動性的嬰兒只給了幾項玩具),這種情況下「一天中大多數時間」的指標是不能給分的。

對於無法自行移動的嬰兒,他們所需要的各種玩具或教材,並不需要在觀察時間全部拿出來供孩子玩,因為這會造成雜亂的問題。不過,中心必

須有明確的計畫顯示，這些嬰兒需要的各種玩具或教材，會在每天作息的不同時段提供給孩子，讓他們能自由選擇、遊玩。

一些和**許多**（some and many）：在評量表中多處出現的「一些和很多」是指物的數量或事件發生的頻率次數。不同的範例中，會引用不同的量化物與頻率的例子。「一些」（some）是指在觀察環境中所展現的實物，並且最少要有一個可觀察到的例證，除非觀察指引還需要蒐集更多的例證；而「許多」（many）指標給分的標準，是衡量幼童取得器物，不必經過冗長的等待時間，或不必與其他孩子經過一番爭奪後才能如願。

教職員（staff）：一般是指直接與幼兒接觸的成人，即與教學相關的教職人員。本評量表中，教職員人數通常以多人數表示，因為一般托育中心的教職人員不僅一人。假使某一位成員的行事作風與其他人有所不同，那麼評分時必須要考量到這位老師可能對所有孩子所造成的影響。例如：同一間教室內，一位老師言語表達的能力很強，而相對的另一位老師則沉默寡言，而分數的取決是孩子們在語言的刺激上是否達到所需的程度。在所有涉及與孩子互動的評量項目時，「教職員」是指在教室內的成人及每天（或幾乎每天）大多數時間和孩子一起工作的人。這也可以包括志工，如果他們每天必須在教室內工作一定的時數。若每天只在教室出現短暫的時間，或者不是每天固定出現在教室的成人，評量時均不能將這些人列入考量，例如：治療師、家長、中心主任或托育機構的經營者，他們在教室內與幼兒互動的時間很短或不定期的探訪，這些接觸均不予評分，**除非他們對班級或團體，或一位或多位特定的幼兒造成嚴重的負面影響**。另外，一些流動性的才藝老師或兼職的老師，他們每天有固定且基本的時數在教室內做固定的指派工作，他們與孩子的互動就要被列入評分的考量。在一些特例像是實驗學校，通常每天會有一些不同的人來擔任教學助理，那麼這些教學助理也應視為教職員。

通常（usually）：是指被觀察到的一些普通的、一般的作法或學習，同時在運作時不會有太大的差異。

嬰幼兒托育環境評量表—修訂版（ITERS-R）
分量表與評量項目一覽表

不適當		最低要求		良好		優良
1	2	3	4	5	6	7

空間與設備

1. 室內空間

1.1 沒有足夠的空間提供給幼兒、成人及家具*。

1.2 空間缺乏充足的光線、沒有溫度控制，或是吸音的材質。

1.3 空間需整修（例如：牆壁和天花板油漆剝落；地板粗糙、損壞）。

1.4 空間維護不當（例如：地板和地毯積聚了灰塵和污垢；洗手檯骯髒；疏忽每日的清潔工作）。

3.1 有足夠的室內空間提供給幼兒、成人及家具*。

3.2 光線充足、有溫度控制，以及吸音的材質。

3.3 空間有良好的維修。

3.4 空間是合理的乾淨和維護良好的*。

3.5 教室對殘障的成人或幼兒是方便使用的（例如：為殘障者設置的坡道和扶手；方便輪椅和走路者使用）*。**允許不適用。**

5.1 有充足的室內空間提供給幼兒、成人及家具（例如：幼兒和成人可以自由地四處移動；室內家具不致擁擠；有障礙幼兒專屬設施的空間；有寬廣的開放性空間供幼兒遊戲）。

5.2 良好的通風設備、有一些透過窗戶或天窗的自然光線。

5.3 成人或幼兒的無障礙空間*。

7.1 可以控制的自然光線（例如：可調整的百葉窗或窗簾）。

7.2 可以控制的通風設備（例如：窗戶可以打開；可以使用抽風機）*。

7.3 地板、牆壁和其他建築物表面的材質是容易清潔的（例如：可清洗的地板／有物覆蓋和油漆的地板／壁紙、櫃檯和櫥櫃表面容易清潔）。

---

*說明

1.1 允許同一時間大多數幼兒同時出席的基本空間。

3.1 足夠的室內空間容許教職員方便四處移動，以照顧幼兒日常生活所需（例如：可以輕易接近幼兒的小床；區隔尿布區和食物備製區），以及幼兒在遊戲時不會感到擁擠。必須有足夠的空間讓室內所有的成人、幼兒及家具不致擁擠。

3.4 每天例行活動後，容許活動空間有一些髒亂。「合理的乾淨」意指有每天清理維護工作的證明，像是地板用吸塵器和拖把清潔過。以及大片髒亂——像是餵食後地板上的食物殘渣，會立即清理。

3.5、5.3 環境具便利性給分，教室與廁所必須讓殘障者便於使用。出入口處至少須 32 英寸（81 公分）寬。門的把手即使手不便者也可操作開關。門檻不應高於 1/2 英寸（1.27 公分），假使超過 1/4 英寸（0.63 公分），則必須做成斜角方便輪椅推過。假使有其他明顯的障礙，會妨礙肢障者的便利性（例如：狹窄的盥洗間、沒有坡道或電梯替代樓梯），將不予給分。

3.5、5.3（續）幼兒使用的室內空間，若以最低標準（3.5）給分，則須能顧及目前使用中心設施的幼兒及成人殘障者他們特定的便利性。若以得分 5 的標準，則設施的規劃必須考量到所有障礙者的便利性，而不是僅限於中心的使用者。

7.2 只要開著的時候不會造成影響安全的因素，通向室外的門，可以視為通風的孔道（例如：紗門上鎖或安全柵門防止幼兒趁不注意時溜出）。

問題

7.2 可以控制房間內的通風設備嗎？**假使回答是，接著問：**如何控制？

嬰幼兒托育環境評量表修訂版

不適當		最低要求		良好		優良
1	2	3	4	5	6	7

2. 日常照顧和遊戲使用的家具設施

1.1 沒有足夠的家具供日常照顧所需：餵食、睡覺、換尿布／如廁、儲藏幼兒的所有物和日常照顧備用物品*。

1.2 沒有足夠的家具供遊戲使用（例如：無放置玩具的開放式儲物櫃）*。

1.3 家具經常在需要修理的狀態，易導致幼兒受傷（例如：木刺或暴露在外的鐵釘；椅腳不穩固的椅子）。

3.1 足夠的家具櫃子供日常照顧所需。

3.2 足夠的家具供遊戲使用*。

3.3 所有的家具穩固牢靠且妥善維修*。

3.4 幼兒座椅舒適且具支持性（例如：腳凳、有椅背和椅把支撐；防滑椅面；必要時加裝安全椅帶）*。

5.1 家具適合於嬰兒／學步兒的個別照顧（例如：嬰兒或較小的學步兒使用高腳餵食椅以取代團體餵食的桌子；小團體的學步兒有自己的桌子和椅子；幼兒有專屬的個別儲物櫃）。

5.2 一些符合幼兒尺寸的桌子和椅子供學步兒使用*。**允許不適用**。

5.3 當幼兒發展適當時，可促進自助能力的家具（例如：水槽邊的踏腳矮凳；肢體障礙者使用的特殊座椅；較低的開放式玩具櫃方便幼兒自行取放）。

5.4 一些存放額外玩具和備用品的儲物空間。

5.5 一些成人在日常照顧時所需的座椅*。

7.1 日常照顧所需的家具是容易接近且方便使用的（例如：小床／軟墊便於成人取放；尿布／換尿布必需品靠近尿布檯；儲物的壁櫥是容易為家長、教職員和較大的學步兒使用）。

7.2 學步兒使用的桌椅大部分符合幼兒尺寸*。**允許不適用**。

7.3 存放額外玩具的儲藏室，規劃有序且便於使用。

7.4 舒適的成人座椅以利於與幼兒工作*。

（請注意：說明和問題在下一頁）

---

*說明

1.1 日常照顧用的家具舉例：嬰兒座椅、高腳餵食椅、用來餵食的小桌子和椅子；有圍欄的嬰兒床、軟墊、或幼兒睡覺用的小矮床；尿布檯及換尿布必需品的儲物櫃。除非所有幼兒在同時間餵食，否則不要求每人必須有自己的餵食椅。

1.2 供遊戲使用的家具舉例：嬰兒座椅、小尺寸的桌椅、開放式矮櫃或碗碟收納架／籃子／裝牛奶的箱子用來儲放玩具。

3.2 有足夠的開放式矮櫃及／或其他儲放玩具的設備，此指標才能得分。中心必須要有足夠的儲放玩具的櫃、箱，而且要讓玩具容易被幼兒取用，此指標才可給分（而不是將玩具堆放在小空間內）。

3.3 「穩固牢靠」是指家具、設施本身的性質而言（例如：使用時不易破損、倒塌或散落）。假使一件穩固牢靠的家具放置在那兒，但容易被推倒，這是屬於放置安全的問題，而不是堅固性的問題。在對此指標計分時，不需要要求得太完美，假使發現的僅是一些小問題，而不像是可能會導致嚴重的問題時，這個指標可以給分。例如：假使一張桌子或椅子只是輕微的搖晃，但不致翻倒，或人造皮的沙發有些許破損，但裡面的泡棉還未暴露出來，像這些小問題都可不必太挑剔，除非有一大堆類似的小問題，則另當別論。

3.4 假使絕大多數的幼兒坐在餵食椅上都覺得滿舒適的，縱使其中一位幼兒並不像其他孩子感覺那麼舒適，這個指標仍應該給分。

5.2、7.2 幼兒尺寸的座椅，是指幼兒可以靠在椅背上，同時腳可觸及地板（不需要腳掌踏在地板上），若幼兒需要坐在椅面的前半部，腳才能踏到地板則不算。幼兒尺寸的桌子是指幼兒的膝部可以安放在桌面下，同時幼兒的雙肘可以舒適的擺放在桌面上。那種必須由成人將**學步兒**抱起來置入的高腳餵食椅或集體餵食桌，則不算作幼兒尺寸的桌椅。

5.5、7.4 有些時候，當老師餵食坐在高腳椅或矮桌的幼兒時，自己坐在幼兒尺寸的椅子或其他的家具上（例如：大型的積木上）。假使這件坐著的東西夠大，或老師使用起來滿適用的，則此指標可以給分。但是對於這種替代使用的方法不能給7分。7分的標準是：舒適的成人座椅是必須具備的。

　　幼兒的學習區或照顧的設施旁應設置成人的座椅（例如：換尿布／如廁、餵食、遊戲活動），可以避免成人在協助幼兒時，腰背受傷。

問題

5.4、7.3 除了我觀察到的之外，你還有其他的玩具或教具嗎？**假使回答是，接著問：**它們儲放在哪裡？可以讓我看看嗎？

7.1 **假如觀察中沒有見到小床或軟墊，詢問：**幼兒的小床或軟墊儲放在哪裡？

不適當			最低要求		良好		優良
1	2		3	4	5	6	7

3. 提供放鬆和舒適的陳設

1.1 幼兒遊戲時未提供「柔軟性」的設施（例如：家具未設防護措施、無地毯區、軟墊、幼兒遊戲時未提供柔軟的玩具）*。

3.1 遊戲時提供一些地毯或軟質的家具（例如：在地上舖設軟墊、小地毯、被褥）。

3.2 大多數時間有三件或更多的軟質玩具，幼兒可方便取用*。

5.1 大多數時間都可進入特別溫馨舒適的區域*。

5.2 溫馨舒適的區域受到保護，不會被動態遊戲干擾*。

5.3 大多數時間有許多軟質的玩具，幼兒可方便取用*。

7.1 特別溫馨舒適的區域加上好幾個區域具軟質設施（例如：好幾個柔軟的地毯區、學步兒坐的豆袋椅、裝有軟墊的幼兒尺寸座椅或長沙發）。

7.2 適當時段內，將無移動性的嬰兒安置在溫馨舒適的區域*。
允許不適用。

7.3 溫馨舒適的區域亦供閱讀或其他安靜的遊戲使用*。

---

*說明

1.1 「柔軟性」的設施是指除了有圍欄的嬰兒床、嬰兒可在內遊玩的遊戲圍欄，或應加裝軟墊的日常照顧設備外，中心所提供的其他柔軟性設施。

3.2 軟質玩具舉例：布質或膠皮的積木、布娃娃、布質玩具動物、布質的手偶等等。觀察這些軟質玩具是否在幼兒可及的範圍內，而且隨時可讓幼兒使用。

5.1 溫馨舒適的區域必須提供幼兒豐富的柔軟物。只有一件薄的小地墊、軟墊或地毯均不符合要求的標準。一般而言，溫馨舒適的區域必須是由一些軟質的家具組合而成，而不能只有單件家具，例如床墊或床架上必須再增添幼兒所需的柔軟寢具。

5.2 「保護」意指溫馨舒適的區域要避開動態活動的設備器材（以區域規劃的方式或利用護欄隔開），以保護爬行兒或學步兒。溫馨舒適區不應設在教室中央，因為那裡是交通要衝。教職員也要隨時保持警覺，避免活動中的幼兒不小心闖入溫馨舒適區域，而干擾到使用中的幼兒。

溫馨舒適的區域可以短暫的當作團體空間使用（例如：跳舞或分享時間），但一天中大部分時間不可充作動態活動空間。假使中心內有兩處或更多溫馨舒適的空間，那麼每個空間不必像指標所要求的那麼完備。但是，至少應有一個溫馨舒適空間**絕不**可替代做動態活動用。把所有具溫馨舒適條件的空間作綜合性的判斷，以決定哪一處空間最適宜整天做為溫馨舒適區。

5.3 要符合「很多、許多」的標準，特定區域中最少須有十件柔軟質地的玩具，或者多於五名幼兒時，每個幼兒至少有兩件玩具。

7.2、7.3 在觀察過程中，至少要觀察到一件例證，這個指標才可以給分。

不適當		最低要求		良好		優良
1	2	3	4	5	6	7

4. 室內規劃

1.1 家具設施占用了大部分空間，僅留些許空間供幼兒遊戲（例如：空間中放滿了日常照護的設施；幼兒只能在嬰兒床和餵食桌間的狹小空間遊戲）。

1.2 空間規劃的嚴重缺失，妨礙到適切的幼兒督導工作（例如：分隔的幼兒寢室無法做有效的視覺監督；L型的活動室、遊戲室有看不到的死角）*。

3.1 用家具隔出空間，供幼兒做遊戲、活動使用。

3.2 室內空間的規劃，以視覺監督幼兒，不致產生太大的困擾（例如：分隔的幼兒寢室，但隨時都有人照顧；室內無孩子易躲藏的死角或高櫥櫃）*。

3.3 大多數的空間均可供中心的障礙幼兒使用。**允許不適用。**

5.1 日常照顧區域規劃得很便利（例如：嬰兒床／小矮床的放置便於使用；換尿布的必需用品隨手可取；設置周全的溫熱水供需設施；餵食桌設置在容易清洗的地板上）。

5.2 室內空間的規劃，讓教職員放眼望去都在掌控之下（例如：換尿布或準備餐點時，所有遊戲活動的空間都能在視線掌控內）*。

5.3 安靜區和動態區分開設置（例如：嬰兒照護區不受到活動量大的幼兒干擾；圖書區與靜態遊戲區和攀爬及奔跑的空間分開設置）。

5.4 玩具的儲放可以讓幼兒容易自己拿取（例如：放置在開放的矮架；放在箱中，容易移至無移動性的嬰兒處）。

7.1 不同的活動經驗，都各有適宜的空間規劃（例如：動態的遊戲安排在大的開放空間；圖書區或靜態遊戲會規劃小而安適的空間；美勞或容易弄得髒兮兮的活動會安排在容易清洗的地板區）*。

7.2 性質相類似的玩具可以放在一起，規劃成有趣的學習區（例如：嬰兒：手搖鈴或軟質玩具區；學步兒：圖書、音樂、推動玩具、手操作玩具、大肌肉活動區）*。

7.3 室內動線的規劃不會影響活動的進行。

---

*說明

1.2、3.2、5.2 假使任何時間均有一位以上的教職員照顧一班幼兒，那麼這幾位教職員的視野不一定要掌控到全班。但是必須有一位教職員負責隨時注意到全班幼兒的動態。切記，假設在觀察的時段雖然有兩位教職員照顧幼兒，但在其他時段只有一位老師（例如：每天早班或晚班的時段），這種情形在評分時必須加以考量。

7.1、7.2 「有趣的學習區」應該規劃得讓孩子們使用起來很便利。空間的大小以及地板的材質都應適合玩具或學習素材的需求。例如：積木區應具有堅固的地板；塗鴉時紙的下面必須是堅硬平滑的桌面，以及可以充分讓雙臂開展的空間。嬰兒學習區在規劃時不需要種類太多，但應著重在配合發展的變通性，而學步兒學習區則是在學習空間的多樣性。

問題

5.1 假使在觀察期間，並沒有見到幼兒使用的小矮床或軟墊，而這些訊息在項目 2 時又沒有問到，詢問：請問孩子使用的小矮床或軟墊，儲放在什麼地方？可以讓我看看嗎？

不適當		最低要求		良好		優良
1	2	3	4	5	6	7

5. 為幼兒做的展示

1.1 無圖片或其他材料展示給幼兒。

1.2 大部分的展示品不適合直觀學習年齡層的孩子們（例如：展示品太過於暴力；使用過多的文字與數字，使幼兒無法領悟）。

3.1 至少要有三種生動的彩色圖片及／或其他素材可以讓幼兒輕易的看到它們（例如：懸掛的展示品、照片）*。

3.2 展示品的內容大致上是適當的（例如：不會令人感到害怕、幼兒看得懂的展示品）。

5.1 教室內展示許多色彩鮮豔、生活化、主題明顯的圖片、海報及／或照片。

5.2 懸空的展示品及／或其他各式色彩鮮豔生動的立體懸掛物，提供給幼兒觀賞*。

5.3 擺設許多的展示品，讓孩子們能夠很容易觀賞到，一些展示品還可以讓孩子碰觸到。

5.4 教職員為孩子們解說展示品*。

7.1 在幼兒視線的高度為他們展示班級的生活照、幼兒的家人、寵物及其他熟悉面孔的照片。

7.2 大部分的圖片都受到避免撕毀的保護（例如：放在塑膠套內）。

7.3 至少一個月一次增加或更換新的展示品。

7.4 會將學步兒的作品展示出來（例如：幼兒的塗鴉畫、手印）*。

允許不適用。

---

*說明

3.1 假使教室中唯一的展示物是壁紙上的彩色圖樣或漆在牆上的壁畫，在3.1的指標可以給分，但指標5.1不可給分。

5.2 懸掛的立體展示品或懸空的展示物，必須在空間中可以呈現不同的觀賞角度才符合指標得分標準。懸掛在牆上的平面展示品（例如：色彩鮮豔的拼布作品、剪紙）在這項指標均不能給分。懸掛的植物可以給分。

5.4 在觀察過程中，必須見到一項相關的例證，這項指標才能給分。

7.4 任何學步兒的美勞作品都算在內，包括著色本上幼兒的塗鴉、畫字。

問題

7.3 你是否會增加或更換室內的展示品，像是掛在牆上的這些圖畫？**假使回答是，接著問：大約多久一次？**

不適當		最低要求		良好		優良
1	2	3	4	5	6	7

日常例行照顧工作

6. 迎接／送離

1.1 常忽略問候幼兒。

1.2 幼兒回家的準備工作並沒有規劃好。

1.3 在迎接／送離的時候，家長很少進到幼兒的照顧區*。

3.1 對大部分的幼兒都會親切的問候（例如：教職員表現出很高興見到幼兒；微笑；使用愉悅的腔調）。

3.2 幼兒回家前的工作規劃得很周詳（例如：幼兒所有物已準備帶回家；孩子尿布已換妥）。

3.3 家長陪孩子進入教室是每天例行的工作*。

3.4 家長與教職員互通孩子健康及／或安全相關的訊息（例如：孩子是否睡得好；服藥；告知班上有幼兒生病；受傷的報告）*。

5.1 老師會問候每一位幼兒與家長，而且回家前的準備工作也規劃得非常周詳（例如：幼兒到校時與家長交談；回家時穿的衣服都預先準備好）。

5.2 幼兒上學時與家長分離的焦慮，或放學時可能產生的問題都會審慎處理（例如：安慰哭泣的幼兒；耐心等待想要繼續玩不想回家的孩子）。

5.3 嬰兒每天餵食、換尿布及睡眠的書面紀錄均準備好可供參閱。**允許不適用**。

7.1 友善、輕鬆的氣氛，會促使家長在接送孩子時，在教室停留多一些時間（例如：趁幼兒整理自己東西時，家長和老師可多聊一會兒；家長為孩子唸一段故事）。

7.2 除了提供一般照顧的資訊外，老師還為家長報告今天孩子在學校活動的情形（例如：孩子今天對哪一項遊戲特別感興趣；孩子目前正在學習哪些新事物）*。

7.3 每天提供家長嬰兒個別的書面紀錄。**允許不適用**。

---

*說明

1.3 所謂「家長」是指任何對這位幼兒負責的成人，像是祖父母、養父母、保母。

1.3、3.3 假使幼兒都是坐娃娃車到校，而**沒有**家長會進入教室，評定 1.3「是」。假使是**一些**幼兒坐娃娃車上學，另外**一些**是家長親自接送孩子，評定 1.3「否」，以及 3.3「否」。

3.4、7.2 假使幼兒都是坐娃娃車上學，需要詢問家長與老師是以何種方式來交換孩子的生活訊息。

問題

如果迎接／送離的過程均無法觀察到，問：你可以描述孩子到校與離校的過程嗎？**如果有需要，接下來可以問一些更確切的問題**。例如：

1.3、3.3 通常家長會伴隨幼兒進入教室嗎？

3.2、5.1 孩子回家前都做些什麼準備工作？

5.2 假使幼兒到校時，不願意家長離開，或者放學時又不願意回家，這種狀況如何處理？

7.1 家長在接送孩子時，是否會在教室逗留？

7.2 老師是否有機會在家長接孩子時，與他們溝通、交談？假如回答是，接著問：都討論哪些方面的事情？

7.3 是否每天都會提供嬰兒個別生活紀錄給家長？假如回答是，接著問：可以給我一份紀錄看看嗎？

不適當		最低要求		良好		優良
1	2	3	4	5	6	7

7. 正餐／點心

1.1 未能依個別幼兒的需求規劃正餐／點心時間。	3.1 依照每位孩子的需求規劃餐點時間（例如：嬰兒有個別的餵食時間；學步兒在午餐前若感覺肚子餓，會先提供點心）*。	5.1 幼兒會以個別或小團體方式進行餵食*。	7.1 教職員陪伴孩子用餐，並利用進餐時間引導學習（例如：對嬰兒說話時，做目光的接觸；說出食物的名稱；鼓勵幼兒對話並發展自助的技巧）。

1.1 未能依個別幼兒的需求規劃正餐／點心時間。

1.2 餐點未能符合營養標準，或調製不適當（例如：食物可能會讓幼兒哽塞到；食物／飲料太燙）*。

1.3 基本的衛生清潔程序經常被忽略*。

1.4 不適當的餵食方法（例如：用奶瓶為嬰兒餵奶時，未將嬰兒抱在懷中；當幼兒走、跑、玩或躺著時，也同時吃著東西或含著奶瓶；強迫幼兒進食）*。

1.5 即使幼兒對食物會過敏，飲食也未做適當的調整。

允許不適用。

3.1 依照每位孩子的需求規劃餐點時間（例如：嬰兒有個別的餵食時間；學步兒在午餐前若感覺肚子餓，會先提供點心）*。

3.2 正餐和點心均提供營養均衡與適齡的飲食*。

3.3 至少有一半的時間會維持基本衛生清潔的程序*。

3.4 不同年齡層與不同自助能力的幼兒，在用餐時都會受到適當的監督（例如：幼兒在進餐時，教職員在一旁照料）。

3.5 有過敏體質幼兒的名字會被公告出來，食物／飲料也會做調整。

允許不適用。

5.1 幼兒會以個別或小團體方式進行餵食*。

5.2 用餐／點心時間是輕鬆愉悅的（例如：教職員會耐心地處理用餐時的髒亂；吃得慢的幼兒有充分的時間進食；輕輕地為嬰兒擦拭臉頰）。

5.3 通常會執行基本的衛生清潔程序，偶爾會出現一些小缺失*。

5.4 用餐時，教職員會與幼兒交談，營造愉悅的環境。

5.5 公布菜單供家長參閱*。

允許不適用。

7.1 教職員陪伴孩子用餐，並利用進餐時間引導學習（例如：對嬰兒說話時，做目光的接觸；說出食物的名稱；鼓勵幼兒對話並發展自助的技巧）。

7.2 教職員與家長一起合作，建立幼兒良好的飲食習慣（例如：一起合作幫幼兒戒掉奶瓶；一同引導幼兒接受新食物）。

（請注意：說明和問題在下一頁）

*說明

1.2、3.2 為決定食物的營養需求，可參考美國農業部的「幼兒照顧營養方案」所訂定的營養準則，或各國相類似的營養標準。除了現場觀察食物備製的情形外，也要查閱每週的菜單。某些狀況可能會不符合營養標準——例如：慶生活動的小蛋糕，可能替代了原來的點心——應不至於影響到等級的評定。如果沒有菜單可供查閱，則詢問老師上一週正餐／點心的情形。假使孩子每天的食物是家長自備的，那麼教職員必須確定是否符合適當的營養需求，若有必要，應建議家長補充養分。

　　食物太燙是不適合餵食幼兒的，譬如剛由微波爐中取出，或以超過攝氏50度的熱水加熱的食物或奶瓶。

1.3、3.3、5.3 在考量如何為衛生清潔的食物處理程序等項目評分時，請從你認為一所餐廳應有的衛生標準來衡量。（你會願意吃掉在餐廳椅子上的食物嗎？或者你會願意餐廳侍者將食物放到你朋友的口中後，再把食物送入你的口中？）病菌傳播的方式大致上是相同的，但對免疫系統尚未發育成熟的嬰幼兒而言，情況可能會更嚴重。

　　基本的衛生清潔程序：

- 在以奶瓶餵食嬰兒前後與為幼兒調製餐點前後，即使過程中戴著手套，教職員均應洗手。餵食孩子時，教職員必須先清洗雙手，因為有許多意想不到的理由，他們的皮膚可能已接觸到不潔物（例如：才抱過留著口水的幼兒，或撿拾的玩具之前是被其他孩子咬玩過的，或以手指抓食物餵幼兒）。
- 可以自行進食的幼兒（例如：自己可以用湯匙，或用手抓小點心）必須在進食前後清洗雙手。應該儘量避免在洗完手後又弄髒了，例如：一洗完手，馬上就座。
- 用餐前後桌面必須清潔與消毒（例如：幼兒進食的高腳椅或餐桌面）。
- 污染的食物不可讓孩子食用（例如：從家裡帶來未經冰箱冷藏的易腐食物；食物／飲料擱置在溫水中超過五分鐘；食物掉落在高腳椅座上；食物被別的孩子碰觸過）。應使用餐具，而不宜用手來餵食幼兒或分配食物。
- 為確保牛奶和果汁仍保持衛生，未經冰箱冷藏時間不可超過一小時。
- 餐盒中的任何食物若曾以湯匙或叉子餵食過，不可以再繼續食用。
- 食物備製區必須與進食區、遊戲區、廁所、寵物飼養區、走廊、盥洗區隔開。

- 關於如何適當的調製與儲存奶粉、母乳，相關資訊請查詢各州的幼兒托育衛生規範，或《照顧我們的孩子：機構托育的健康與安全施行標準》（Caring for Our Children: The National Health and Safety Performance Standards for Out-of-Home Child Care），第二版（2002）。
- 假使團體中有不只一位保育人員，那麼這位負責備製食物的保育人員在餐點工作未完全結束前，不得參與換尿布的事情。
- 用來做食物備製的洗濯槽，不宜與其他工作共用（例如：洗手槽或尿布區清洗槽），如果這個水槽必須充作其他用途，那麼使用後必須清潔消毒才能回復食物相關之用。

1.4 嬰兒或較年幼的學步兒，假使自己能獨立坐著，並且有能力握住奶瓶，他們是可以自己進食的。

3.1 每位幼兒對熱量的需求因人而異。有時候點心會成為正餐，正餐卻反而未吃，因此正餐與點心都必須是具營養的食物。幼兒食用固狀食物時，同時要記得讓孩子多喝些水。

5.1 小團體人數的多寡，取決於幼兒的年齡與能力。小嬰兒應該要個別餵食。年齡大一些的嬰兒，小團體的人數不可多於二至三人。至於學步兒及兩歲的幼兒，小團體的人數不可多於六人。在考量這個團體大小是否恰當時，要觀察團體中的幼兒是否有正向的互動與支持；但同時也可能有其他因素會影響到你對團體大小的判斷，例如：教職員的個性或者現場教職員的人數。嬰兒與學步兒絕對不能在人多或複雜的環境餵食，例如：大型的午餐室，用餐時間可能有不同年齡層的孩子一起用餐。

5.5 假使家長為孩子準備所有的食物時，允許不適用。

問題

1.2、3.2 如果家長準備的食物不夠，或者不符合幼兒的營養需求，你如何處置？

1.5、3.5 如果幼兒有食物過敏的問題，你如何處置？

7.2 你有機會與家長溝通孩子的營養問題嗎？**假使回答是，接著問**：你會討論哪些議題？

不適當		最低要求		良好		優良
1	2	3	4	5	6	7

8. 午休*

1.1 午休的規劃不理想（例如：太早或太晚；太過擁擠；噪音、強光，或其他幼兒會干擾睡眠中的幼兒；嬰兒趴著睡；嬰兒的枕頭太過柔軟；嬰兒的頭被蓋住了）*。

1.2 監督管理不夠周嚴（例如：幼兒睡覺時並未定時查看）。

1.3 幼兒被不當地留置在嬰兒床上（或小床、軟墊等）（例如：醒著時，在愉悅的狀態下超過十五分鐘，不愉快的狀態下超過二至三分鐘；嬰兒床做隔離懲處用）。

3.1 每個幼兒的午休時間都安排得很恰當。

3.2 健康舒適的午睡／休息規劃（例如：嬰兒床／小矮床／軟墊之間，若沒有阻隔物，應最少保持36英寸〔91公分〕的間距；每個孩子的寢具都是潔淨的）*。

3.3 幼兒午休時，提供充分的監督照顧*。

3.4 嬰兒床（或小床、軟墊）只供幼兒睡覺用，並不會當作玩耍的地方。

5.1 個別需求的午休規劃（例如：嬰兒床／小矮床放置在固定的地方；熟悉的午休程序；學步兒有自己特定的小毯子或懷抱的玩具助其入睡）。

5.2 學步兒融入團體作息（例如：安靜的地方可供疲倦的學步兒早點午休）。**允許不適用。**

5.3 提供愉悅、溫馨、立即回應的監督照顧*。

7.1 幫助幼兒放鬆（例如：輕柔的助眠音樂、輕拍幼兒使其入睡）。

7.2 為不想午休的幼兒安排一些活動（例如：早起的或不睡的幼兒進行安靜的活動；嬰兒可在嬰兒床外玩）。

（請注意：說明和問題在下一頁）

*說明

項目 8　所有的托育機構，不論每天運作時間的長短，當個別的嬰兒、學步兒、兩歲的幼兒感覺疲倦時都應有午休的安排，但是，中心營運的時間若少於四小時，且午休未排在作息規劃之內，而幼兒通常不會感到疲倦時，這個項目可以計為允許不適用。

1.1、3.2　健康、舒適的午休規劃的給分標準為，孩子午休時不能讓他們睡在搖床、嬰兒椅，以取代嬰兒床，因為上述設備通常都是共用的（衛生）以及它們並不能防範其他孩子的碰撞（安全）。但是（特殊的個案）如果某個嬰兒在小床內睡不安穩，把他安置在別處午休或許會好一些，假使以上屬實，要確定設施的安全性，不會被活動干擾，並且要符合衛生的標準。觀察中發現類似狀況，一定要詢問老師，為什麼這個孩子不是在嬰兒床內午休的特殊原因。

　　　　根據 1.1 提及「擁擠」的例子是指幼兒在午休時，彼此間的距離少於 36 英寸。這樣距離的保持是為了防範病菌傳染，並且可讓教職員便於照顧幼兒，因為嬰兒床／小矮床／軟墊之間的距離又不是那麼遠。假使寢具之間有物品可以加以阻隔，更窄一些的距離還是可以被接受的。

　　　　嬰兒宜以仰睡為主，若有其他個人睡姿的偏好，應有醫生證明不必仰睡。

3.3　「充分的監督照顧」指現場有足夠的教職員，使幼兒在健康與安全上受到妥善的照顧，未入睡的孩子隨時受到督導。教職員保持警覺並不時察看幼兒。

5.3　若無法觀察到午休督導的品質，可以參考觀察過程中其他與督導相關的事例。同時也應參酌教職員所提供如何督導午休的資訊，尤其是在觀察過程中未觀察到負責午休督導的教職員執行工作時。

問題

如果無法觀察午休狀況，詢問：因為我無法觀察到午休，請問午休是如何監督管理的？

更進一步深入的問題可以問：

1.1　幼兒在哪裡睡覺？睡覺用的小床／軟墊如何放置？

1.2　午休時誰負責監督照顧幼兒？監督管理工作是如何進行的？

5.2　如果幼兒在午休前疲累想睡覺，你如何處置？

7.2　如果幼兒在午休結束前醒來，你如何處置？

不適當		最低要求		良好		優良
1	2	3	4	5	6	7

9. 換尿布／如廁

1.1 很少維持衛生條件（例如：幼兒便盆使用後未消毒；更換的尿布未適當處理；尿布檯面使用後未消毒；廁所使用後未沖水）*。

1.2 尿布更換／如廁有重大缺失（例如：很少為孩子更換尿布；讓幼兒坐馬桶時間太久；衛生紙、自來水、肥皂，或消毒水經常不夠用）。

1.3 教職員更換尿布或幼兒如廁後經常忘記洗手*。

1.4 對幼兒不適當或不愉悅的監督照顧*。

3.1 每天至少有一半時間保持良好的衛生條件（例如：假使只有一個水槽可以使用，每次更換尿布／如廁與食物備製之間，必須加以消毒；幼兒便盆每次使用後必立即清理，並在專用水槽加以消毒）*。

3.2 通常能適時滿足尿布更換／如廁之需求（例如：至少每兩小時檢查嬰兒尿布是否需要更換；所需用品均已備妥）*。

3.3 教職員在更換尿布及幼兒如廁後通常會洗手*。

3.4 對不同年齡及能力的幼兒提供適當的監督照顧。

5.1 通常都會保持良好的衛生條件，偶爾有一些小缺失*。

5.2 衛生條件較易被維持（例如：沒有使用幼兒便盆；尿布檯與馬桶旁有加溫的自來水；便於清理的尿布檯面）。

5.3 設備方便及用品易取（例如：馬桶與洗手槽距離不遠；行動不便幼兒有可攀扶的把手；洗手間緊鄰活動室；備用尿布隨手可取；教職員使用尿布檯時便利舒適）*。

5.4 教職員與幼兒間互動良好。

7.1 隨時保持良好的衛生條件*。

7.2 提供符合幼兒尺寸的馬桶與洗手槽。**允許不適用。**

7.3 當發展適當時，鼓勵幼兒培養自理的能力。

（請注意：說明在下一頁）

---

*說明

1.1、3.1、5.1、7.1 維持清潔衛生的目的，是要預防可能在尿液或糞便中的病菌經由教職員或幼兒的手傳播。尿布檯的表面、盛裝物品的容器、櫥櫃的門，或任何幼兒及教職員所可能觸及的表面都會散播病菌。換尿布的過程中帶不帶手套並無強制規定，但確實有幫助。每天都要備製當天製作的漂白水消毒液，1 湯匙的家庭用漂白水配上 1 夸脫的清水（或者 1/4 杯的漂白水配上 1 加侖的清水），或者經美國環境保護署註冊的消毒劑，也應根據製造商的說明使用。

為了降低胃腸疾病的傳染，以下的檢測是必須的。因此在這個項目評分時應審慎考量：

- 尿布更換區和食物備製區應分開設置，包括每個區域使用的水槽要分開裝設。如果同一個水槽除了換尿布／如廁使用外，還有其他用途，則每次換尿布／如廁使用後，必須用漂白水溶液將水龍頭及水槽完全消毒。

- 教職員將幼兒帶至換尿布區前，應將下列換尿布所需的工作準備好：
  - 將桌面的紙巾換過（若已使用過的），依幼兒的肩膀到腳跟的長度將紙巾鋪在桌上（如果在換尿布的過程中將紙巾弄髒了，則必須再將紙巾折過以保持乾淨）。
  - 換尿布的過程中準備充分的濕紙巾（包括在去除幼兒的髒尿布後，擦拭幼兒的屁股和成人的手）。
  - 一片乾淨尿布、盛裝沾污衣物的塑膠袋，和備好的乾淨衣物。
  - 防水的手套（如有必要）。
  - 可以先抹少量的尿布疹乳霜在紙上備用（如需使用）。
  - 所需的物品應在換尿布之前，就由容器中取出備用。

- 每一次換完尿布均應將尿布檯面消毒（所有表面都必須能夠消毒，也就是說，拼布軟墊、魔鬼氈或是其他容器都不能放在尿布檯面上）。消毒液必須在空氣中風乾至少持續兩分鐘。

- 使用避免手碰觸的尿布桶處理髒尿布（通常可踩踏板將尿布桶蓋子打開），如此可預防再一次的污染。

- 幼兒在換尿布時玩的玩具，或碰觸過的物品，應放在一旁並加以消毒。

1.3、3.3 嬰兒、學步兒和教職員洗手時須使用洗手乳，並以自來水沖洗至少十秒以上（並說「一個泡泡，兩個泡泡，三個泡泡，四個泡泡……十個泡泡」，或大約唱「Row, Row, Row Your Boat」一次的時間）。

- 每次換完尿布後，幼兒要使用洗手乳並以溫的自來水徹底的清洗雙手。用殺菌濕巾擦拭或乾洗手劑的方式並不能代替洗手，因為它們不能有效殺菌。在特殊情況下為避免幼兒受傷（例如：無法自行控制頭部平衡的新生兒，或無法控制自己身體的過重嬰兒），則可使用拋棄式紙巾替代。

- 在處理髒尿布、擦拭過的紙巾和使用過的手套時，將它們丟入腳踏式尿布桶後，必須用殺菌濕巾將幼兒及教職員的雙手擦拭乾淨。

- 每次檢查幼兒尿布、換完尿布並完成最後一個消毒尿布檯面的步驟後，成人必須用溫的自來水和肥皂徹底洗手。洗手的動作必須是在尚未碰觸房間內任何表面時就要做的。洗手的動作必須是在尿布檯面噴灑消毒水後。如果消毒水能停留在檯面上兩分鐘以上再把它擦乾，那麼就不必再洗**第二次**手了。

1.4 「不適當的監督」意指教職員沒有注意保護幼兒的安全或確實執行清潔衛生的工作（例如：洗手）。

3.2、3.3、5.1 「通常」意指在觀察期間，有 75% 的清潔程序確切執行，且無重大問題出現。換言之，在執行過程中或許有些小缺失，例如：沒有洗到其中一位幼兒的手或是尿布檯面有一次沒有消毒。

5.3 一張舒適的尿布工作檯，可以避免教職員背部受傷或不舒適的動作；例如：高度 28 至 32 英寸（71 至 81 公分）的工作檯，且有供學步兒使用的階梯。

不適當		最低要求		良好		優良
1	2	3	4	5	6	7

10. 保健措施*

1.1 教職員平常未盡力去減少病菌的傳播（例如：經常忽略洗手；骯髒的玩具及家具設備；戶外遊戲區有動物糞便；很少幫幼兒擦鼻涕；幼兒們共用奶嘴；未適當清理及消毒亂吐的唾液）。

1.2 不管是室內或戶外，允許在幼兒活動區抽菸。

1.3 未將有傳染性疾病的幼兒與其他孩子作隔離（例如：腹瀉的幼兒未能與團體隔離）*。

3.1 教職員通常會阻隔細菌的傳播（例如：每天清洗幼兒會放入口中的玩具；幼兒不共用浴巾／面巾；牙刷的放置要避免污染；需要時使用衛生紙並適當的丟棄；戶外的沙坑未被污染；不共用個人物品，如梳子、刷子）*。

3.2 為確保健康，幼兒和教職員經常洗手，至少達到75%的程度*。

3.3 有備用的衣物，當需要時可以更換。

3.4 所有的藥物均遵醫囑適當給予*。**允許不適用**。

5.1 不論室內或戶外，對幼兒的照顧均達健康需求（例如：穿著適當；更換濕或髒的衣物；到戶外時做防曬措施；洗臉；會弄髒的遊戲則穿工作圍兜；為流口水的嬰兒穿上圍兜）*。

5.2 為確保健康，幼兒和教職員隨時洗手。

5.3 教職員作為維持健康的模範（例如：在幼兒面前吃有益健康的食物；依天氣變化，穿著適宜；手指甲是乾淨的）。

5.4 戶外沙坑所使用的沙是乾淨的，不使用時加以遮蓋。**允許不適用**。

7.1 鼓勵幼兒能自己實行健康的行為（例如：教職員是邊做邊說的為嬰兒做保健工作；教導幼兒正確洗手方式；幼兒知道如何穿上外套；提供並使用與健康有關的書籍、圖片、歌曲）。

7.2 全日班的學步兒使用自己的牙刷，一天至少刷一次牙*。**允許不適用**。

7.3 隨時提供經過認證的健康機構的健康資訊給家長（例如：美國農業部所發行的營養手冊，美國小兒科學會所提供的幼兒疾病常識）。

（請注意：說明和問題在下一頁）

*說明

項目 10 與保健措施相關的換尿布／如廁、正餐／點心和午休，這些都包括在項目 7、8 及 9。因此，本項目在評分時，不需要考慮上述工作。

1.3 正當「隔離」的理由包括：(1)幼兒有發燒及行為上的變化，顯示無法參與正常活動；(2)幼兒需要比平常更多的照顧，已超出教職員能力範圍，同時教職員尚須照顧其他幼兒；(3)幼兒有腹瀉的狀況時應要求被隔離，以保護其他幼兒不會受到疾病的感染。通常感冒最容易傳染的是症狀出現前和開始流鼻水的階段。綠色和黃色的鼻涕並不表示是會傳染的感染性疾病的徵兆。

3.1 「通常」意指在消毒清潔過程中並無重大問題，只是在執行過程中或許有些小缺失，例如：未能即時擦拭幼兒的鼻涕或不適當丟棄使用過的衛生紙。

3.2 參閱第 12 頁有關洗手的定義。幼兒及教職員的百分比要分開計算。在這項目裡，列舉教職員及幼兒什麼時候需要洗手，包括：

• 每天抵達園所時或由一個班轉換到另一個班級時。
• 玩水的遊戲，且人數超過一個人時。
• 擦完鼻涕或摸過、接觸過身體的體液，像是濃鼻涕、血液、嘔吐物、唾液。
• 沙坑遊戲後。
• 清理垃圾廢物後。
• 抱過寵物或其他動物後。
• 為幼兒餵藥前（成人）。
• 為幼兒擦完防曬乳後。
• 會弄髒的遊戲後。

3.4 只有經過醫生處方的藥物，教職員才能給特定幼兒服用。教職員在餵藥時，須從原來的藥盒取藥且須有用藥的專業指示。若觀察當日沒有幼兒需依醫生的指示服藥時，則註記允許不適用。

5.1 幼兒穿著的衣物，要保持不會太熱或太冷（例如：炎熱的戶外就不適合穿毛衣，冷颼颼的天氣裡要隨時更換汗濕的衣服）；當幼兒在戶外，尤其是早上十點至下午二點的艷陽天裡，幼兒遊戲區需有遮蔭物並有防曬措施，例如：幫幼兒擦防曬乳液、戴上帽子或穿具有防曬功能的衣物。

7.2 若中心每天開放時間為六小時或更少，且無學步兒註冊時，則註記允許不適用。若使用牙膏，則先在紙巾上擠約一顆碗豆的牙膏量，再將紙巾上的牙膏放在幼兒的牙刷上，這樣可防止幼兒牙膏牙刷間的相互污染。

問題

1.2 無論室內或戶外，是否允許在幼兒活動區抽菸？

3.3 當有需要時，是否有備用的衣物可為幼兒更換？

7.3 是否提供家長任何有關健康的資訊？**假如回答是，接著問：**你能為我舉一些例子嗎？

不適當		最低要求		良好		優良
1	2	3	4	5	6	7

11. 安全措施

1.1 在室內有四處或更多的可能讓幼兒受到嚴重創傷的地方*。

1.2 在戶外有四處或更多的可能讓幼兒受到嚴重創傷的地方*。

1.3 不論室內或戶外,對幼兒的安全監督均不足(例如:教職員太少;教職員還有其他工作要完成;可能發生危險的區域無人監督看管;幼兒出入園所無管制措施)。

3.1 包括室內和戶外,沒有超過三處可能讓幼兒受到嚴重創傷的地方*。

3.2 不論室內和戶外都有足夠的監控以保護幼兒的安全。

3.3 有足夠的應變措施以處理緊急情況(例如:緊急事件電話號碼;急救包隨時備用;張貼緊急應變程序;至少有一位全職、受過小兒急救訓練的人員,懂得呼吸道阻塞及呼吸急救的施救方法)。

5.1 室內和戶外,沒有會讓幼兒受到嚴重創傷的地方。

5.2 教職員通常會預先防範並以行動防止幼兒的安全問題發生(例如:將攀爬設備底下的玩具移開;將大門關上或危險區域上鎖使幼兒能處於安全的空間;將潑灑的液體擦乾以免幼兒滑倒;避免幼兒使用易破碎的物品)。

7.1 教職員協助幼兒遵循安全規則(例如:教職員預防滑梯過於擁擠;若沒有人在旁看顧,就不要玩攀爬設備)。

7.2 教職員為幼兒解說安全規則(例如:「我們要好好的對待朋友,咬他會讓他很痛喔!」;「小心,它很燙喔!」)。

(請注意:說明和問題在下一頁)

*說明

1.1、1.2、3.1 請將所有的安全問題都註記在評分表上。以下列舉的危險項目並不完全包含所有可能發生的情形。

一些影響**室內**安全的危險因素：

- 電插座無安全保護；幼兒容易取得電線。
- 幼兒容易取得繩子、電線。
- 幼兒可以推倒的重物或家具。
- 藥物、洗潔劑、殺蟲劑、噴霧劑，和標示「嚴禁幼兒取得」的物品，未置於櫥櫃並加鎖防範幼兒拿取。
- 使用漂白劑清理桌面時，幼兒會吸入揮發氣體（例如：幼兒坐在桌邊）。
- 使用學步車的幼兒能迅速在室內移動或將嬰兒放置在豆袋椅上。
- 熱水，或任何幼兒易接近的炙熱表面（例如：對成人來說，觸摸時間無法超過30秒算是過熱，或高於攝氏50度的溫度）。
- 幼兒容易取得圖釘或釘書機。
- 嬰兒床周圍的欄桿、網狀的遊戲圍欄可能成為影響安全的陷阱〔例如：欄桿間的距離少於 2 又 3/8 英寸（6 公分）；可以折疊的網狀圍欄〕。
- 絆倒的危險，例如：地墊或地毯捲起的邊，或者易滑動的地毯。
- 使用中的電暖氣或加熱器未做安全保護。
- 容易接近的開放式樓梯空間（例如：可以攀爬的扶手或可以鑽過的圍欄）。
- 可能造成哽塞危險的小東西容易取得〔例如：物體直徑小於 1 又 1/4 英寸（3 公分）和 2 又 1/2 英寸（6.4 公分）長，或是球體直徑小於 1 又 3/4 英寸（4.5 公分）〕。
- 尿布檯未設置 6 英寸（15 公分）高的檯邊，以防止嬰兒滾落。
- 嬰兒床墊與床架尺寸不合（例如：嬰兒床墊和嬰兒床邊有兩個手指以上的距離）。
- 懸掛並橫越在嬰兒床上方的玩具，當幼兒坐起或採用以手撐起的跪姿時，可能纏繞到頸部。
- 幼兒睡覺是趴睡或側睡而非仰臥。
- 教職員抓著孩子的上臂或手來抱起嬰兒／學步兒，容易造成孩子關節損傷。
- 嬰兒床的側邊難以讓成人做升高或降低的調整，以及由床墊到護欄頂端未達 20 英寸（51 公分）的高度。
- 幼兒容易取得保麗龍、塑膠袋或氣球。
- 未監督下可能接近的任何蓄水容器（例如：馬桶、5 加侖的水桶、淺水池或噴水池）。

1.1、1.2、3.1（續）

- 因為**年齡大一點的嬰兒**將會攀住身旁的任何東西學著自己站起來，因此所有孩子容易接近的家具必須夠穩固而不致搖動、推倒或坍塌。嬰兒室的家具若有搖籃或搖椅，它們應該放置在避免孩子攀附的所在。如果被放置的地方孩子經常會藉著它們站起來，則必須視作「危險因素」。

一些影響**戶外**安全的危險因素：

- 遊戲空間未設柵欄或阻礙物，防止幼兒離開特定的安全區域。
- 可隨意取得非幼兒使用的工具。
- 所有危險的物品（例如：標示「嚴禁幼兒取得」），並未收存且加鎖防範幼兒拿取。
- 空間中存在尖銳或危險的物品。
- 容易接近不安全的通道或樓梯。
- 有機會可以獨自到馬路或車道。
- 容易接近危險廢棄物。
- 遊戲設備太高〔例如：每增一歲，則增加 1 英尺（30 公分）跌落高度的危險性〕，未經良好維修，並且是不穩固的。3 又 1/2 英寸（8.9 公分）和 9 英寸（23 公分）間寬的遊戲設備間隔，可能引發頭部受傷的危險；3/8 英寸（0.95 公分）和 1 英寸（2.54 公分）間寬的遊戲設備間隙，可能會引發手指頭受傷的危險。其他危險包含的損害來自於會突然夾住的物品、突出物或對會掉下的東西有不足緩衝作用之區域。

問題

3.3 你有沒有作任何因應緊急事件的準備工作？

更進一步深入的問題可以問，例如：

你如何處理緊急事件？

教職員中有任何人接受過嬰兒／學步兒急救訓練，包括呼吸道阻塞（哽塞）和呼吸急救的技巧嗎？

是否有可使用的急救裝備？可以讓我看看嗎？

緊急狀況時，是否有可以使用的求助電話？

不適當		最低要求		良好		優良
1	2	3	4	5	6	7

傾聽與交談

12. 協助幼兒了解語言*

1.1 很少對嬰兒或幼兒說話（例如：教職員通常是彼此交談，不常和嬰兒或幼兒說話）。

1.2 持續性的噪音影響幼兒聆聽語言的能力（例如：整天播放高音量的音樂；整天都有幼兒的哭鬧聲；室內隔間採用不良的吸音材料）。

1.3 教職員通常以不愉悅的語調對幼兒說話（例如：嚴厲的語音；常嚇唬幼兒；負面的言語）。

3.1 每天對幼兒有適量的語言刺激（例如：「要幫你換尿片囉」；「看！球在滾」）。

3.2 室內安靜的程度可以讓孩子們聽得到說話的聲音。

3.3 教職員通常以和緩或愉悅的語調對幼兒說話。

3.4 話語的內容通常是鼓勵或正向而非貶損或負面的。

5.1 教職員每天利用日常活動或遊戲時經常對幼兒說話*。

5.2 教職員的話語對幼兒是有意涵的（例如：談論幼兒可以感覺、動手做或經驗到的事物；以幼兒聽得懂的簡單語句說話；說話時輔以表情或動作讓字意更易懂）。

5.3 個別化的語言溝通（例如：與幼兒做眼神的接觸；運用幼兒的名字；用孩子聽得懂的母語溝通；需要時輔以手勢或其他替代的溝通方式）。

5.4 教職員對物品或動作通常使用簡單或描述性的字和幼兒溝通（例如：「請把紅色的卡車拿給我」；「你站在那兒！」）*。

7.1 教職員使用許多簡單明瞭的字與幼兒溝通（例如：使用許多不同物品或動作的名稱；使用描述性的字）。

7.2 教職員和幼兒一起玩語言遊戲（例如：重複嬰兒發出的聲音；以遊戲的方式玩押韻的字）。

7.3 教職員和幼兒討論許多不同的話題（例如：和幼兒討論他們的感覺；除了教幼兒物品或動作的名稱外，還用言語為他們把想法表達出來）。

---

*說明

項目12 此項目的評量指標或許會牽涉到不同文化背景或個體的多樣性，他們的表達方式可能有所不同。例如：聲音的腔調可能不一樣，一些人或許使用較平緩的腔調而某些人會使用興奮的語音。但不論所觀察到的教職員溝通方式為何，評量指標所定的標準必須要達到，儘管在方法的認可上可能有些差異。

項目12（續） 因為語言互動的頻繁度在促進嬰幼兒語言能力的發展上相當重要，評量計分時須以觀察期間所見到的日常托育狀況為準。符合標準所引用的例證須是觀察期間隨時可見的保育行為，而不是某一項特殊的例證。

5.1 儘管不同的教職員在語言溝通的表現方式上有所不同，但是**所有**的教職員必須使用平緩的或愉悅的語調。

5.4 在確定語言是否為描述性時，讓自己聽聽可否判斷教職員對幼兒說些什麼，而不是用觀看的方法。

不適當		最低要求		良好		優良
1	2	3	4	5	6	7

13. 協助幼兒使用語言

1.1 幼兒試圖以動作、聲音或語言方式溝通時，成人極少或沒有用正面態度的回應。

1.2 幼兒試圖溝通的時候，教職員常以漠視或負面態度回應。

3.1 在一整天的時間裡，當幼兒試圖溝通的時候，教職員會有適量的口語或非口語的正向回應；對幼兒很少或沒有負面態度的回應。

3.2 在一整天的時間裡，當幼兒試圖溝通的時候，教職員會有一些正確解讀幼兒話語的嘗試（例如：假使第一種方法無效的話，教職員會試著運用別的方法讓哭泣的幼兒安靜下來；試著了解學步兒詞不達意的話語）。

5.1 幼兒試圖溝通的時候，教職員通常會即時且以正向態度回應（例如：對哭泣會立即回應；會傾聽幼兒的話語；幼兒在遊戲時的言語交流，教職員會以同樣的童趣回應）*。

5.2 在一整天的時間裡，教職員會在他們照護幼兒的動作中增添相關的語彙（例如：「我在幫你換尿片，你現在乾乾爽爽，有沒有覺得好舒服？」）。

5.3 教職員能細心解讀幼兒溝通的意圖，且能做適當的回應（例如：「我知道你餓了；該吃點點心嘍！」「這些積木是不是玩膩了？這兒有些書，不想看啊？哦，要我抱著你啊！」）。

7.1 教職員和幼兒間有許多雙向對話（例如：模仿嬰兒發出的聲音，並且與他來回的做「嬰兒對話」；重複學步兒的話語，然後再讓他接續說下去）。

7.2 教職員為幼兒表達的話語，增添更多的字彙及意念（例如：當幼兒說「果汁」時，教職員則回應「這是你的橘子汁，裝在你的杯子裡」）*。**允許不適用。**

7.3 教職員詢問幼兒簡單的問題（例如：問小嬰兒一個問題接著把答案說出來：「圖畫裡面是什麼呢？是隻小狗咬著一塊骨頭」；對學步兒則是在提供答案前，試著讓他把答案先說出來）。

7.4 教職員通常在聽與說之間維持良好的平衡（例如：給幼兒時間消化資訊然後說出答案；提供嬰兒多一些語言刺激但容許學步兒有更多時間表達自己的想法）。

*說明

5.1 觀察及確定教職員關注所有的孩子並會對他們做回應，包括一些平時比較安靜，對成人需求不多的孩子。

7.2 當受托的孩子不會說話時，可以允許不適用。

不適當		最低要求		良好		優良
1	2	3	4	5	6	7

14. 圖書的使用

1.1 每天大多數時間，容易取得適合嬰兒／學步兒閱讀的圖書少於六本*。

1.2 圖書普遍破損（例如：書籍破損或不全；殘破的插圖；書被亂畫）。

1.3 教職員平常和幼兒們在一起時並不使用圖書。

3.1 每天大多數時間，最少有六本容易取得且適合嬰兒／學步兒（但是受托的幼兒平均每人不得少於一本）閱讀的圖書*。

3.2 幾乎所有的圖書都有良好的維護*。

3.3 教職員每天都會和幼兒一起使用圖書（不論是教職員主導或是幼兒自發的）。

3.4 只有幼兒有興趣時才鼓勵參與圖書活動；幼兒不會被強迫參與。

5.1 每天大多數時間，最少有十二本容易取得且適合嬰兒／學步兒（但是受託的幼兒平均每人不得少於二本）閱讀的圖書*。

5.2 多樣性的圖書供幼兒自由取閱*。

5.3 教職員每天都會為對圖書有興趣的幼兒做個別或小團體的閱讀*。

5.4 圖書時間讓人感到溫暖及互動的（例如：閱讀時將嬰兒抱在懷中；學步兒可以協助翻頁和指點插圖）*。

7.1 圖書區的設計容許學步兒可以自由取用書籍。**允許不適用。**

7.2 在一整天的時間裡，教職員和幼兒有固定的時間一起使用圖書。

7.3 更新或增添圖書，以維持幼兒閱讀的興趣。

---

*說明

1.1、3.1、5.1 適當書籍的範例：不易破損的塑膠、布或硬質書頁等材質，且內容適合嬰兒與學步兒閱讀的圖畫書籍。書籍來源可以是自製的或坊間出版的。其他年長兒童或成人閱讀的書籍均不符合這個項目的標準。

3.1 必須是有封面未缺頁、完整的書籍，本項指標才可給分。若有書籍內容不適合（例如：內容太艱深或太過容易、驚悚的、暴力的）這個年齡層的幼兒，則不能計為必須具備的六本圖書之一。

3.2 維護狀況良好的書籍意指書本的封面保持完整及書頁未撕損，沒有在書上亂畫或缺頁。一些不會影響書籍使用的小問題（輕微的撕損、些許塗鴉、咬痕）是可以接受的。

5.1 本項給分，即沒有一本書含有暴力或驚悚的內容。

5.2 書籍的多樣性意指人種的不同族裔、年齡層次、各種知能；各種的動物；熟悉的物品；熟悉的日常生活作息。

5.3 至少必須觀察到一個實證，這個指標才可給分。

5.4 指標所敘述情景必須要觀察到才可給分。

問題

7.3 你會更新或增添圖書，並展示出來讓幼兒便於使用嗎？**假如回答是，接著問**：多久會做一次？你會添加哪些類型的書籍？

不適當		最低要求		良好		優良
1	2	3	4	5	6	7

學習活動

15. 精細動作

1.1 日常生活中，沒有適合精細動作的教材供幼兒便於取用*。

1.2 教材通常未經妥善維修。

3.1 日常生活中，有些許適合精細動作的教材供幼兒便於取用*。

3.2 每天大部分的時間，教材可以隨時方便幼兒取用。

3.3 教材通常都經妥善維修。

5.1 每天大部分的時間，有許多各式各樣適合精細動作的教材供幼兒便於取用*。

5.2 教材分類展示或儲存規劃良好（例如：同屬性的教材放在一起；成組的教材分別盒裝；玩具依需要收存、分類、修補）。

7.1 不斷替換教材以呈現多樣性。

7.2 不同難度的教材供幼兒便於取用（例如：具挑戰性或簡單容易的教材都會提供給同組的幼兒選用，包括一些障礙兒）。

---

*說明

1.1、3.1、5.1 精細動作教材的範例：

- 嬰兒——抓握玩具、益智箱、套套杯、不同質感經驗的玩具、可以盛與倒的容器、嬰兒運動健身器。
- 學步兒——形狀分類遊戲、大串珠、大木釘與木釘板、簡單的拼圖、樂高式串珠、疊套環、疊疊樂、中型或大型的樂高式組合積木、蠟筆。

5.1 「許多」意指有足夠的教材而不致引發幼兒在使用時相互爭用。
「各式各樣」意指需要用到不同技巧的教材（諸如抓、搖、翻轉、推、拉、戳、組合、姆指與食指的協調運用、塗鴉）。教材也應該在顏色、尺寸、形狀、質地、聲音與功能上呈現多樣性。

問題

7.1 你還有其他給幼兒使用的精細動作教材嗎？**假使回答是，接著問：**請你讓我看看這教材好嗎？

不適當		最低要求		良好		優良
1	2	3	4	5	6	7

16. 肢體活動*

1.1 沒有適當的戶外或室內空間定期供肢體活動使用*。

1.2 沒有適當的設備／器材*。

1.3 設備／器材通常未經妥善維修。

3.1 一天內大部分時間,有開放的室內空間供肢體活動使用(例如:年幼的嬰兒可以在地毯上自由移動;幼兒可以在空間內爬行或走動)。

3.2 整年內,除天候非常惡劣外,有一些戶外空間提供嬰兒／學步兒每週最少三次的肢體活動*。

3.3 每天都有一些適當肢體活動的器材供幼兒使用;設備／器材經常妥善維修*。

5.1 整年內,除天候非常惡劣外,每天至少規劃一小時的時段,讓嬰兒／學步兒在能與年長孩子區隔,且又便利的戶外空間內從事肢體活動*。

5.2 面積大的遊戲活動區不致造成擁擠或雜亂的狀況*。

5.3 有充足的肢體活動器材與設備,所以幼兒不需要長時間的等待就可以隨時使用。

5.4 一些設備可以被團體中每一位幼兒所使用,假使中心有收托障礙幼兒,也應包括障礙幼兒在內。

5.5 所有空間與設備均適合幼兒使用*。

7.1 戶外空間有兩種或更多質材的鋪面,允許進行不同形式的遊戲(例如:草地、戶外地毯、橡膠墊、木質地板)。

7.2 戶外空間有規劃防護措施(例如:夏日遮陽;冬日保暖;防風;良好的排水系統)。

7.3 每天使用的肢體活動器材與設備,可以刺激幼兒們不同的大肌肉活動技能(例如:爬、走、平衡、攀爬、玩球)。

---

*說明

項目16 肢體活動的目的就是引導幼兒活潑好動,藉以發展他們的大肌肉技巧。讓孩子坐嬰兒車外出,幫他們盪鞦韆,或讓他們在沙箱中玩都不能視作肢體活動。沒有移動能力的嬰兒,可以讓他們在能力範圍內自由的翻動,例如:在毯子上或其他安全表面。能爬行或走路的嬰幼兒應該有機會去練習發展上適合的粗動作技巧。

1.1、1.2、3.3、5.5適合室內和戶外的空間與設備／器材,對嬰兒與學步兒必須是安全的。舉例來說,在滑落設備下方的緩衝軟墊必須審慎設置;器材設備不能允許由高處躍下;沒有尖銳的邊緣、木刺、隆起或下陷導致的危險。

1.2、3.3、5.5適用器材與設備的例子:

- 嬰兒——戶外使用的軟墊或毯子、嬰兒使用的嬰兒健身器、小型推動的玩具、球類、基礎穩固可以用力上拉的器材、供爬行練習的傾斜面。
- 學步兒——沒有踏板的騎乘玩具、大型的有輪推拉玩具、球類與投擲用的小沙包、適齡的攀爬設備、滑梯、平衡木、滾翻用的地墊、爬行用的隧道、大的紙箱。

3.2 除非一年當中少數幾天天氣特別惡劣,幼兒每天都應到戶外活動,且應穿著季節得宜的衣物。

5.1 戶外活動空間應該要讓中心的成人與幼兒使用起來相當便利。這些便利性尤其該考慮到發展中的嬰幼兒,以及收托的孩子中假使也有障礙幼兒。便利性的層次也應以中心收托孩子的一般能力及全職人員的專業職能而有所不同。

5.2 假使有兩個或更多的活動區供幼兒使用,那麼這個指標應該是依據孩子平均使用的經驗來給分。舉例來說,若室內空間狹小又擁擠,實際上的使用次數是多於另一處既不雜亂又寬敞的戶外空間,在這種狀況下,這個指標不給分;但如果是相反的狀況,那麼這個指標應該給分。

問題

1.1、3.1、3.2、5.1有任何區域是被這個團體當作肢體活動空間使用的,包括室內與戶外空間?**假使回答是肯定的,但觀察中又沒有看到,應接著問:你可以讓我看看這些地方嗎?多久使用一次?每次使用多少時間?**

不適當		最低要求		良好		優良
1	2	3	4	5	6	7

17. 美勞藝術*

1.1 沒有適合的美勞材料供幼兒使用*。

1.2 美勞活動時使用有毒性或不安全的材料（例如：刮鬍膏、小亮片、油性麥克筆、壓克力或油畫顏料，可能會造成幼兒窒息的小東西，像是泡綿做的花生或小珠子）。

3.1 每週至少一次，讓幼兒使用一些美勞材料。**允許不適用。**

3.2 提供幼兒使用的所有美勞材料都是安全、無毒性且符合發展需求的*。

3.3 不會強迫幼兒參與美勞活動，有其他替代性活動可供選擇。

5.1 年幼的學步兒每週有三次美勞活動，年紀較長的學步兒則每天都有美勞活動*。**允許不適用。**

5.2 鼓勵幼兒發揮自己的創意（例如：以幼兒能力為基礎的作品表現；不要求幼兒模仿範本，不使用著色簿或描摹本）。

5.3 教職員引導幼兒適當的使用美勞材料（例如：張貼畫紙供幼兒塗鴉；需要時使用替代性的器材；鼓勵孩子畫在紙上並且學習不可將顏料放入口中）。

7.1 當幼兒準備好的時候，有多種美勞材料供他們使用（例如：為年幼的幼兒介紹蠟筆或水性彩色筆；年紀較長的學步兒或兩歲幼兒則添加水彩及麵團等材料）。

7.2 材料的便利取用是依幼兒的能力為原則（例如：較年幼的幼兒取用材料時，有成人就近督導；一些簡單的材料，像是蠟筆或大塊的粉筆，兩歲幼兒可自行取用）。

---

*說明

項目 17　若所有托育孩子的年紀均小於十二個月，請在此項目註記允許不適用。不過，假使受托的嬰兒有進行美勞活動時，那麼這個項目必須計分，同時（3.1、5.1）兩個指標必須註記允許不適用。

1.1、3.2　適合美勞活動材料的例子：蠟筆、水性彩色筆、畫筆和手指畫塗料、麵團、不同質感的撕貼材料。較年幼的學步兒只能使用最簡單的美勞材料，當幼兒逐漸習得適當使用材料的技巧與能力時，才加入使用其他的美勞材料。

　　所有的材料必須是無毒及安全的。這個項目的計分是以中心讓幼兒使用的美勞材料為計分對象。可以食用的材料（像是巧克力布丁、未煮的乾麵條、爆米花等）都不能視為美勞材料，因為利用這些食材會被錯誤引導正確使用食物的訊息。這些在美勞活動利用食材可能產生的健康問題（衛生問題）、安全性（例如：哽塞的危險），以及監督管理的問題，均應在項目 10、11 及 25 中被考慮。

問題

1.2、3.2　幼兒們有使用美勞材料嗎？**假使回答是，接著問：**使用哪些美勞材料？我可以看看這些備用的材料嗎？美勞活動中曾經使用過可食的材料嗎？

3.1、5.1　大約多久時間會讓幼兒使用美勞材料？

7.1　你如何選擇幼兒使用的美勞材料？

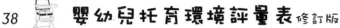

不適當		最低要求		良好		優良
1	2	3	4	5	6	7

18. 音樂與律動

1.1 沒有提供音樂與律動的經驗給幼兒*。

1.2 整天充斥著高音量的音樂並干擾到進行中的活動（例如：不間斷的背景音樂使正常語調的交談變得困難；音樂音量太高反成噪音）。

3.1 每天大部分的時間，有一些音樂教材、玩具或樂器供孩子在自由玩耍中隨時取用（例如：砂鈴、搖鈴、音樂盒、木琴、鼓）。

3.2 教職員每天至少主導一項音樂活動（例如：與幼兒一起唱歌；午休時間播放輕柔的音樂；律動時播放音樂）。

3.3 不會強迫幼兒參與團體音樂活動，有其他替代性活動可供選擇。

5.1 每天大部分的時間，有許多悅耳的音樂玩具及／或樂器供幼兒便於取用*。

5.2 教職員每天會非正式的與幼兒們一起唱歌／吟誦*。

5.3 每天除了歌唱外，教職員提供其他的音樂經驗（例如：使用錄音帶或 CD；為幼兒演奏吉他；午休或律動時播音樂）。

5.4 預錄的音樂僅在特定的時段而且有明確的目的（例如：午休時播放輕柔的音樂；唱歌或律動時播放音樂）。

7.1 音樂玩具或樂器交互呈現以展現多樣性。

7.2 讓幼兒經驗不同形式的音樂（例如：古典音樂與流行音樂；不同文化的音樂特色；以不同語言唱出的歌曲）。

7.3 教職員鼓勵幼兒跳舞、拍手或一起唱歌（例如：抱著嬰兒隨樂起舞；與學步兒隨著節奏拍手；和幼兒一起參與音樂活動）。

---

*說明

1.1 用於音樂與律動經驗教材的例子：錄音機、CD 播放機；多樣性的錄音帶、CD；音樂盒；音樂玩具與樂器；安全無慮的自製樂器，像是塑膠瓶內裝細砂或小石子做成的砂鈴，瓶蓋是緊鎖的。

5.1 「許多」意指最少十件音樂玩具。

5.2 指標所述的內容在觀察過程中最少要看到一次，這項指標才可給分。

問題

3.2、5.3 幼兒日常生活中，你有使用音樂嗎？**假使回答是，接著問**：那你是如何實施的？多久實施一次？

7.1 你還有其他可供幼兒使用的音樂玩具或樂器嗎？是否可以請你讓我看看？

7.2 你在幼兒音樂活動中使用哪些形式的音樂？可以舉一些例子嗎？

不適當		最低要求		良好		優良
1	2	3	4	5	6	7

19. 積木*

1.1 沒有教材可供做積木遊戲*。

3.1 日常生活中，至少有一組積木（含有六塊或更多同類型的積木）供幼兒便於取用*。

3.2 一些積木的配件玩具是每天便於取用的*。

3.3 每天大多數時間，積木與配件玩具是便於取用的。

5.1 每天大多數時間，至少有兩組不同形式的積木（每組含有十塊或更多的積木）供幼兒便於取用*。

5.2 積木與配件玩具依類型做分類管理。

5.3 在日常活動的動線外，地表穩固的空間內，規劃學步兒使用的積木區。**允許不適用**。

7.1 每天大多數時間，至少有三組不同形式的積木（每組含有十塊或更多的積木）供幼兒便於取用*。

7.2 有各式各樣的積木配件玩具，包括交通工具的玩具、各式人偶、各種小動物。

7.3 教職員會和幼兒一起玩一些簡單的積木遊戲*。

---

*說明

項目 19　若所有托育孩子的年紀均小於十二個月，請在此項目註記允許不適用。

1.1、3.1、3.2、5.1、7.1用於積木遊戲材料的例子：軟質積木；各種尺寸、形狀、顏色的輕質積木；大的硬紙板製積木；配件玩具像是各種供幼兒練習盛與倒的容器；玩具卡車或小汽車；以及各種小動物。

　　注意，各種可以相互連結的積木，像是樂高，應該列屬於項目15，精細動作發展，而不應列在本項目內。

7.3 指標所述的內容在觀察過程中最少要看到一次，這項指標才可給分。

不適當		最低要求		良好		優良
1	2	3	4	5	6	7

20. 扮演遊戲

1.1 沒有可供幼兒做扮演遊戲的素材*。

3.1 有一些適齡的扮演遊戲素材（包括洋娃娃及填充動物）供幼兒便於取用*。

3.2 每天大部分的時間，扮演遊戲素材隨時便於幼兒取用。

5.1 每天有許多各式各樣適齡的扮演遊戲素材供幼兒便於取用*。

5.2 遊戲扮演素材能反映出幼兒們日常生活的經驗（例如：家庭中常處理的家事、人們的工作、交通工具）。

5.3 遊戲扮演素材依類型做分類管理（例如：遊戲用的碗碟分別盛裝在不同的盒內；洋娃娃儲放在同一地方；扮演用的服裝與皮包掛在吊勾上）。

5.4 有一些幼兒尺寸的家具供學步兒扮演遊戲使用（例如：小水槽或爐檯、洋娃娃的嬰兒推車、超市推車）。**允許不適用。**

7.1 遊戲扮演素材能反映出生活間的多樣性（例如：有不同族裔／文化代表性的洋娃娃；不同文化背景或障礙人士使用的器物、設備）。

7.2 可以讓學步兒在戶外或其他大空間內使用的大型遊戲扮演道具。**允許不適用。**

7.3 教職員會和幼兒一起融入扮演遊戲（例如：和幼兒以玩具電話通話；懷抱搖動著洋娃娃並對它說話）*。

---

*說明

1.1、3.1、5.1 供扮演遊戲素材的例子：

● 嬰兒——洋娃娃、填充動物、湯鍋與平底鍋、玩具電話。

● 學步兒——扮演用的服裝；幼兒尺寸的家具；烹飪／用餐的設備像是湯鍋與平底鍋、碗碟、湯匙；玩具食物；洋娃娃；洋娃娃家飾；填充動物；迷你娃娃家以及各式的配件；玩具電話。

5.1 對嬰兒而言，「許多」意指三至五件上述列舉的嬰兒扮演遊戲素材。對學步兒而言，在上述列舉的學步兒扮演遊戲素材，每項都須具備兩件或更多。不過，其中可以有一種類型的玩具較少，而其他類型的多一些，整體而言，所有素材都呈現出來就可以了。

7.3 指標所述的內容在觀察過程中最少要看到一次，這項指標才可給分。

不適當		最低要求		良好		優良
1	2	3	4	5	6	7

21. 沙和水的遊戲*

1.1 十八個月或更大的幼兒無法進行沙或水的遊戲。**允許不適用。**

3.1 每兩週至少安排一次玩沙或玩水的遊戲。
3.2 密切監督玩沙／玩水的遊戲*。
3.3 有一些玩沙／玩水的玩具*。

5.1 每週至少一次玩沙或玩水的遊戲。
5.2 各式各樣的玩具供玩沙／玩水用*。
5.3 玩沙或玩水遊戲規劃得宜讓活動順利進行（例如：有足夠的沙／水供活動使用；玩具足夠不致造成爭奪；參與的幼兒有足夠的空間玩耍）。

7.1 每天都安排玩沙或玩水的遊戲。
7.2 配合其他活動進行沙或水的遊戲（例如：在不同日子裡清洗洋娃娃，玩漂浮玩具或進行潑水活動）。

---

*說明

項目 21　若所有托育孩子的年紀小於十八個月，請在此項目註記允許不適用。

對於小於十八個月的孩子進行沙或水遊戲，所牽涉到的健康和安全問題，可以參考項目 10、11 及 25。

除了使用沙以外，一些便於挖或倒，質地很細的素材，像是消毒後的花卉土壤，或者非常細的培養土都可做替代性材料。對這個年齡層隱含危險的素材，像是乾的豆類、小石子、泡綿屑、玉米麵及麵粉，均不能視為沙的替代物。

水的遊戲可以使用的器材如接通水源的軟管、灑水器、水盆或水桌。

教職員必須為沙和水遊戲這類的活動提供適合的器材。假如允許幼兒在水坑玩水或在遊戲場挖土，均不能符合這個項目的標準。

3.2　如果此項目無法觀察到，則依據觀察期間所見相關督導為參考。

3.3、5.2用於沙和水遊戲玩具的例子：廚房用具、鏟子和水桶、小汽車和小卡車、漂浮玩具、塑膠容器。

問題

1.1　幼兒玩沙或玩水嗎？**假使回答是，接著問：**

3.1、5.1、7.1 多久玩一次？

3.3、5.2 哪些玩具是用來玩沙和玩水的？可以請你描述或拿給我看看好嗎？

7.2　除了今天我看到的之外，是否還有其他與沙或水遊戲相關的活動與教材？你可以跟我談談這些活動與教材嗎？

不適當		最低要求		良好		優良
1	2	3	4	5	6	7

22. 自然／科學

1.1 沒有圖片、書籍或玩具可以真實的呈現自然界（例如：以卡通的方式呈現動物或幻想中的人物）。

1.2 幼兒沒有機會去體驗自然界（例如：沒有機會接觸到樹木、草地或鳥類；室內沒有植物或寵物；沒有貝殼或其他自然的物件）。

3.1 有一些適合幼兒發展的圖片、書籍或玩具可以真實的呈現自然界（例如：不會讓人看了害怕，但又真切呈現動物的海報；栩栩如生的動物玩具）。

3.2 教材每天都可以讓幼兒隨時方便取用。

3.3 每天都有機會讓幼兒體驗自然界，不論室內或室外*。

5.1 一週至少兩次到戶外體驗大自然（例如：嬰兒可以放在鋪著毛毯的草地上；學步兒在庭院或公園探索花草樹木；教職員為推車中的幼兒指認自然界的事物）*。

5.2 每天都有機會讓幼兒在室內接觸到動物或植物（例如：室內有植物可供觀賞；教職員可以由窗口為幼兒指認樹木、花卉或鳥類；幼兒可以觀賞水族箱）。

5.3 將日常生活中的事物當作學習自然／科學的基礎（例如：談論天氣；指認昆蟲或鳥類；吹泡泡；看下雨或飄雪）*。

7.1 教職員顯現對大自然的關注與尊重（例如：對寵物的關懷；教導幼兒審慎的接觸自然界的事物；帶幼兒到戶外體驗不同的天候）。

7.2 自然／科學教材儲存規劃良好且經妥善維修（例如：採集品儲放在不同盒內；小動物的籠舍保持清潔）。

---

*說明

3.3 這項指標的目的是希望幼兒有機會接觸自然。可以經由帶幼兒到戶外去觀察或體驗自然界的事物，像是樹木、草地及鳥類，或者在室內提供接觸自然的機會，像是室內植物、水族箱、教室內飼養的寵物，以及在窗邊觀察鳥類。

5.1 幼兒的戶外經驗必須包括接觸到真實的樹木和動物，這項指標才可給分。

5.3 指標所述的內容在觀察過程中最少要看到一次，這項指標才可給分。

問題

5.1 幼兒多久會到戶外活動一次？你可以描述一下任何他們在戶外接觸大自然的經驗嗎？

不適當			最低要求			良好			優良
1	2		3	4		5	6		7

23. 使用視聽及／或電腦設備*

1.1 使用的視聽教材不適合幼兒發展（例如：暴力、色情、令人害怕的角色或故事情節、內容太艱深）。

1.2 當使用電視／影帶／電腦等教材時，沒有安排其他替代性的活動（例如：所有幼兒必須同時觀看影帶）。

1.3 十二個月以下的孩子使用電視、影帶及／或電腦等教材*。
允許不適用。

3.1 所有使用的視聽教材均適合幼兒發展，無暴力內容，且審慎處理不同文化的議題。

3.2 當使用電視／影帶／電腦等教材時，最少安排一項替代性的活動（例如：幼兒不一定要坐在電視前，他可以參與其他的活動）。

3.3 十二個月以上的孩子，有使用電視、影帶或電腦等教材時間上的限制（例如：全日制的幼兒，每天有三十分鐘觀看電視／影帶的時限；每次電腦使用時限是十分鐘）*。

5.1 只提供被認可的「優良兒童教材」給幼兒使用（例如：簡單的故事、音樂及舞蹈，非常簡單的電腦遊戲，但大多數不是卡通性質的）。

5.2 當使用電視／影帶／電腦等教材時，也同時安排多項替代性活動。

5.3 教職員主動參與電視、影帶或電腦等教材的使用（例如：與幼兒一起觀賞並討論影片；進行電視教學節目介紹的活動；協助幼兒正確使用電腦）。

7.1 大多數的教材能鼓勵幼兒積極參與使用（例如：幼兒可以隨著影帶跳舞、唱歌或做運動；電腦軟體激發幼兒的使用興趣）。

7.2 電視、影帶或電腦等教材的使用，可以支持並擴展幼兒目前的興趣與經驗（例如：在下雪的天氣播放雪人的影片；影片內容描述幼兒們每天的生活經驗）。

---

*說明

項目 23　因為嬰兒與學步兒的基本學習，大多是藉由手的操作且與真實世界互動中學習而來，所以電視、影帶及電腦並非必備的設備。假使中心沒有使用電視、影帶及電腦等設備，這個項目請註記允許不適用。假如未觀察到，請詢問有關電視、影帶及電腦等設備教材，因為這些器材經常是幾個班級輪流使用，因此在觀察期間可能會很不明顯。

　　因為新的視聽媒體設備不斷的發展出來，所以要假設中心有最新的教材設備給幼兒使用，而其中某些品名甚至都還不太為人所知。例如：一些電子遊戲、電視遊樂器等在評量計分時都應列入考量。若中心收聽電台節目也在計分考量之列。

1.3、3.3 若孩子年齡小於十二個月使用上述教材，這個指標給 1 分。假使是學步兒的年齡層，這些教材的使用應受到限制。

問題

1.1、3.1、5.1、7.1 幼兒有使用電視、影帶及電腦等教材嗎？**假使回答是，接著問：**他們是如何使用的？你如何選擇這些教材？

1.2 當看電視或影帶時，是否有其他替代性的活動供幼兒選擇？

3.3 多久會安排一次使用電視、影帶及電腦等設備教材？每次會使用多長時間？

5.3 當幼兒看電視或使用電腦時，你如何督導？

7.1 這些教材是否能鼓勵幼兒積極的參與使用？可否請你舉一些例子？

7.2 你是否使用電視、影帶及電腦等教材來配合教學主題的進行，或解說幼兒有興趣的事物？請進一步解釋。

不適當		最低要求		良好		優良
1	2	3	4	5	6	7

24. 鼓勵接受多元文化*

1.1 沒有不同族裔或多元文化的教材。

1.2 多元文化教材呈現的僅是負面刻板的形象（例如：不同的族裔、文化、年齡、能力或性別，以負面方式呈現出來）。

1.3 教職員表現先入為主的偏見並歧視他人（例如：歧視不同族裔或文化背景的幼兒或其他成人；歧視有障礙的人士）。

3.1 最少有三項多元文化背景的教材（例如：多元族裔或文化的娃娃、書籍、圖片；不同文化的音樂帶、光碟；在雙語地區有一些多元文化教材是以幼兒的母語呈現）*。

3.2 多元文化教材以正面與積極的方式呈現。

3.3 當幼兒或其他成人展現偏見態度時，教職員會以適當、不偏頗的方式介入（例如：解釋其中的相同性與相異性；為彼此的公平對待建立規則）。

5.1 有許多書籍、圖片及教材展現多樣性（例如：以非刻板形象的方式介紹不同族裔、文化背景、不同年齡、能力與性別的人）*。

5.2 最少介紹三種不同族裔的娃娃便於幼兒取用（例如：膚色或面部特徵不同的娃娃）。

7.1 無性別偏差的圖片或書籍便於幼兒取閱（例如：男人與女人、男孩與女孩以相似的工作或遊戲角色呈現）。

7.2 文化覺醒意識在不同的活動中顯現出來（例如：不同形式的音樂、不同節日和風俗的慶祝活動、不同民族風味食物的招待）。

---

*說明

項目 24　當評估多元文化教材時，要考慮幼兒在任何領域都可能會接觸到的教材，包括展示的圖片和照片、書籍、拼圖、遊戲、洋娃娃、可站立的小人模型、手偶、音樂錄音帶或光碟、電腦軟體、光碟。

3.1、5.1 假使這些教材很難找到或觀察到，則 3.1 與 5.1 不給分。

5.1 觀察人員必須最少找到十項可以讓幼兒易於體驗的多元文化教育書籍、圖片及教材（除了 5.2 內必須有的娃娃以外）。

問題

7.2 是否有規劃任何幫助孩子對多元文化更覺醒的活動？**假使回答是，接著問：你可以舉些例子說明嗎？**

不適當		最低要求		良好		優良
1	2	3	4	5	6	7

互動

25. 遊戲與學習的督導*

1.1 維護幼兒安全的督導不夠周延（例如：教職員經常不在幼兒身邊，看不見、聽不到也管不到他們；幼兒在危險處玩也無人照管）。

3.1 幼兒在教職員幾步之遙就可看到、聽到及接觸到的範圍內（例如：教職員在教室內以最快的速度由儲藏室拿取教材；教職員一面由門邊向室內請求支援，一面督導遊戲場的幼兒）。

3.2 教職員的注意力要專注在照顧幼兒的責任上，而不在其他工作或興趣上。

5.1 即使教職員正在與一位或一個小組的幼兒工作，其注意力仍會放在所有的幼兒上。

5.2 教職員能以慰藉及支持的態度迅速處理問題。

5.3 教職員與孩子們一起遊戲，並且對他所做的事展現興趣或給予讚賞。

5.4 教職員必要時能幫助幼兒並給予鼓勵（例如：幫助想要加入遊戲的幼兒；協助嬰兒拿取架上的玩具）。

7.1 教職員細心觀察督導，並通常在問題發生前就介入制止（例如：準備雙份的玩具；將喧嚷的活動移開，以避免干擾安靜的工作）。

7.2 個別化的照護督導（例如：對特別需要協助的幼兒，會更加注意照護；移動小嬰兒以避免他感到無聊煩躁）。

7.3 教職員依不同遊戲的需求採取不同的督導方式（例如：美勞活動以及使用細碎教材時，會更密切注意活動的進行）。

---

*說明

項目 25　這項指標要同時考量室內與戶外的督導工作。這個項目戶外活動的計分，請考量當幾個不同班級在一起接受督導時：所有教職員都在督導大肌肉活動；所有同年齡／能力的幼兒都在你所觀察的團體中；成人與幼兒的人數；成人是否適當監督最危險的區域／活動。其他還有許多屬於日常個別照顧的督導工作，是依一些個別項目處理，則不在此處討論（請查閱項目 7「正餐／點心」，項目 8「午休」，以及項目 9「換尿布／如廁」）。

不適當		最低要求		良好		優良
1	2	3	4	5	6	7

26. 同儕間的互動

1.1 幾乎或沒有同儕間適當的互動（例如：嬰兒醒著的時候，是被分別放在嬰兒床、搖籃或高腳椅上；學步兒擠在小空間內只有幾件玩具可玩）。

1.2 負面的同儕互動，不是置之不理就是隨便處理。

3.1 一天內幾乎大部分時間，同儕間都有互動（例如：把不太會移動的嬰兒放在相鄰不遠的地方玩並一起監督；學步兒可以自己找伴一起玩）。

3.2 教職員通常會制止負面的同儕互動（例如：阻止打架、互咬、搶奪玩具）。

5.1 教職員在所有幼兒間引導正向的互動（例如：把嬰兒安置在可以看見別人也可以與人互動的地方；協助學步兒找到相同的玩具；有障礙的幼兒與大家玩在一起）。

5.2 教職員展現正確人際互動的典範（例如：和藹可親；輕柔的碰觸；與幼兒以禮相對，不「鴨霸」）。

7.1 教職員解釋幼兒的行為、想法及感受，讓其他幼兒們了解（例如：協助幼兒們了解悲傷或喜悅的面部表情；解釋有些時候其他孩子並不是有意要傷害他人；讚許孩子自己找到完全一樣的玩具）*。

7.2 教職員指出並討論幼兒間或成人與幼兒間，正向人際互動的例子（例如：幫助幼兒感受安慰的感覺；當嬰兒注意到其他幼兒時，對他微笑、說話；讚許兩歲的幼兒一起工作，一起把椅子歸回原位）*。

*說明

7.1 指標所述的內容在觀察過程中最少要看到二次例子，這項指標才可給分。

7.2 指標所述的內容在觀察過程中最少要看到一次例子，這項指標才可給分。

不適當		最低要求		良好		優良
1	2	3	4	5	6	7

27. 師生間的互動*

1.1 師生間的互動是冷漠或負面的（例如：教職員很少對幼兒微笑、說話、傾聽或反應）。

1.2 對幼兒有不平等的正向反應（例如：教職員所偏愛的幼兒，可以獲得比別人更多的關注）。

1.3 肢體接觸感受不到溫暖或回應，或是冷漠的。

3.1 在整天中，偶爾對幼兒微笑、說話或表現情感。

3.2 教職員通常會以富有同情心的態度來幫助受傷、生氣或沮喪的幼兒*。

3.3 師生間的互動，無嚴厲的語言或肢體動作。

3.4 在整天的例行作息或遊戲中，有一些透過肢體接觸表達的溫情與感情（例如：讀故事書時，將幼兒輕柔的抱在懷中；擁抱著吸食奶瓶的嬰幼兒）。

5.1 在整天中，師生間經常有正向的互動（例如：主導語言或肢體的遊戲；教職員會回應幼兒主動的接觸；參與幼兒的活動時表現出高興的樣子）。

5.2 師生間經常是放鬆的、語音和悅的，以及彼此間常保微笑。

5.3 在整天中，有許多的抱抱、輕拍及溫馨的肢體接觸。

7.1 依據幼兒的情緒與需求，作出不同的互動回應（例如：對疲睏的幼兒多一些安撫；對愛玩的幼兒多一些行動；對不安的幼兒多一層安慰）。

7.2 教職員通常對幼兒的感受與反應都很敏銳（例如：避免突然的介入，在抱起嬰兒之前，先與她或他熱絡一會兒）。

---

*說明

項目27 這個項目對於指標所訂定的品質，不論在跨文化或個人而言都應該被大家所接受，然而在表達的方式上可能會因不同背景而有異。舉例來說，在一些文化中，眼神的接觸是尊敬對方的表現；而可能在某些文化則是不敬的象徵。同樣地，相較之下一些人平常就帶著微笑，喜歡以外顯的方式與人互動。不論如何，縱使可能在表達的方式上有異，但是教職員必須要符合指標的要求。

3.2 富有同情心的回應意指教職員關切並能體會幼兒的感受，即使孩子當時的情緒反應一般是不被接受的，像是暴怒或不耐。這種狀況下，幼兒的情緒可以被接納，但是不當的行為，像是打鬧或亂丟東西，則不應被允許。基本上應以同情心的方式處理幼兒情緒的問題，但也不宜盡然。假使幼兒能很快的自行解決一些小問題，此時老師就不必介入。觀察人員必須對教職員的回應方式統整出一個整體的觀感。假設小問題不斷發生又沒有人搭理或教職員以負面的態度回應，那麼這個指標不予給分。

不適當		最低要求		良好		優良
1	2	3	4	5	6	7

28. 紀律

1.1 紀律**不是**太過嚴厲，使幼兒經常受罰，**就是**紀律鬆散，以致對幼兒少有要求。

1.2 以嚴厲的方法控制幼兒，像是打屁股、吼叫、長時間的限制幼兒，或不讓幼兒進食。

3.1 教職員從不施以體罰或嚴格的紀律。

3.2 教職員**通常**會隨時控管以預防問題發生（例如：幼兒可能會傷到別人或對自己造成傷害；一些破壞的行為）。

3.3 對幼兒的期許是合乎實際的且基於不同能力、年齡層而有別（例如：不會強迫幼兒與他人分享東西，但會藉機討論；幼兒不被期待能做長時間的等候）。

5.1 中心有預設避免衝突及促進適當互動的整體規劃（例如：準備相同的熱門玩具；為幼兒妥善儲放自帶的心愛玩具；適量的收托人數；教職員能迅速處理問題；活動間的變換緩和有序）。

5.2 有效運用正向維繫紀律的方法（例如：轉移陷在負面情境中的幼兒到其他的活動；很少使用制止幼兒參與活動的方法；從來不對兩歲以內的幼兒施以紀律）。

5.3 當幼兒表現良好時，經常給予關懷（例如：當幼兒在遊戲、餵食時，教職員會以微笑、探視或參與活動等給予關懷）。

5.4 教職員以一致性的方式處理幼兒的行為問題。

7.1 教職員讓幼兒了解因為他的行為所導致的問題（例如：看看那個幼兒哭泣的面孔；解釋當她的積木被推倒時，心中憤怒的感覺）。

7.2 教職員引導幼兒運用溝通的方式解決問題而不是攻擊他人（例如：教導不太會說話的幼兒一些社交語詞；鼓勵會說話的幼兒常練習使用語言）。

7.3 教職員能從其他專業人員身上獲得關於行為問題的建議。

問題

1.1 你認為必須使用紀律嗎？請你描述使用哪些紀律方法？

7.3 假使你有一個行為很難處理的幼兒，你會怎麼做？你曾經向他人尋求援助嗎？

假使回答是，接著問：你可否提供一些例子說明向誰尋求援助？

不適當			最低要求		良好		優良
1	2		3	4	5	6	7

課程結構

29. 作息規劃*

1.1 作息規劃**不是**一成不變，無法滿足許多幼兒的需求，**就是**太過鬆散（混亂），以致在每天的作息活動缺乏可靠的次序*。

1.2 幼兒每天例行的需求無法滿足（例如：哭鬧的幼兒，用餐時間太過倉促，延遲換尿布）。

1.3 教職員沒有時間督導幼兒遊戲（例如：所有時間都在處理日常例行事務）。

3.1 作息規劃滿足大多數幼兒的需求。

3.2 教職員將遊戲活動安排為日常作息的一部分。

5.1 基本作息的安排有彈性而且可以滿足每個幼兒的個別需求（例如：嬰兒有個別作息的安排；疲睏的學步兒可以早些午休）。

5.2 作息安排提供均衡的室內與戶外活動*。

5.3 動態與靜態的遊戲依幼兒的需求常做變化。

5.4 對於日常例行活動間的轉換，沒有太長的等待時間*。

7.1 一整天中，教職員可能調整遊戲活動的作息時間以滿足幼兒需求上的變化（例如：當幼兒缺乏興趣時改變活動；當幼兒興致昂然時則延長遊戲時間）。

7.2 大多數的轉換活動，在整天的運作中都能保持順暢（例如：在下一階段的活動開始前，遊戲器材已準備妥善；幼兒洗手後才准許吃飯；活動轉換每次僅數名幼兒循序進行，逐漸順利完成）。

---

*說明

項目29 「作息規劃」意指每天幼兒所經驗事項的發生次序。評分的依據是以觀察中實際看到的作息活動順序為準，而不是中心張貼的作息表。

1.1 「每天的作息活動」是指每天室內與戶外的遊戲活動以及例行的事務，像是正餐／點心、午休／休息、換尿布／如廁，以及迎接／送離。

5.2 活動的均衡是取決於孩子的年齡、他們的需求與情緒，以及天候的狀況。在天氣許可下，所有的幼兒每天都需要一些戶外活動。戶外活動可以包括靜態及動態的遊戲經驗。

5.4 假使幼兒等候時間超過三分鐘且無事可做，或假使等候時間造成幼兒明顯的沮喪或產生問題，這個指標不給分。

問題

5.1 假如一個學步兒在午休前就覺得累了，或著用餐前覺得餓了，你是如何處理？午休或用餐時間可做彈性調整嗎？**假使回答是，接著問：**那是如何處理？

不適當		最低要求		良好		優良
1	2	3	4	5	6	7

30. 自主遊戲*

1.1 **不是**沒有機會進行自主遊戲，**就是**大多數時間幼兒都是在未受到督導的情況下自己玩。

1.2 不適當的玩具、教材及設備提供幼兒在自主遊戲中使用（例如：很少量的玩具或玩具經常缺乏維修）。

3.1 在天氣許可下，每天在室內**與**戶外都有自主遊戲。

3.2 有一些督導工作以確保幼兒的安全並協助遊戲進行*。

3.3 適當的玩具、教材及設備供幼兒在自主遊戲中方便取用。

5.1 在天氣許可下，每天大多數的時間，在室內與戶外都有自主遊戲*。

5.2 一整天中，教職員積極的參與並協助幼兒的遊戲（例如：協助幼兒取得他們需要的材料；協助幼兒使用較難操控的材料）。

5.3 足量與多樣性的玩具及材料，以及許多的設備供幼兒在自主遊戲中使用。

7.1 對幼兒的督導通常被視為教育性的互動（例如：教職員在幼兒動作時，輔以相對應的字彙；指出玩具有趣的特徵）*。

7.2 在自主遊戲時，教職員增添材料去引發幼兒的興趣（例如：拿出當天尚未使用過的玩具；與幼兒玩新的活動）。

＊說明

項目30　「自主遊戲」意指幼兒被允許自己選擇遊戲時的玩伴與材料，以及儘可能的主導遊戲的運作。只有當幼兒有需求時，成人才予以介入。對於無法自行移動的嬰幼兒，只能協助他們移動到不同區域，供他們對玩具器材做自由選擇。

3.2 當成人的督導非常鬆懈時，這個指標不給分。

5.1 無法進行戶外活動的惡劣天候，例如：一年當中少有的幾天豪雨、冰雪、極熱或極冷的氣溫，或嚴重的污染指標。

7.1 觀察過程中，至少必須觀察到兩個實證，這個指標才可給分。

問題

7.2 你是否有其他的遊戲材料供幼兒使用？**假使回答是，接著問：**室內的遊戲材料你多久更換一次？

不適當		最低要求		良好		優良
1	2	3	4	5	6	7

31. 團體遊戲活動*

1.1 即使沒有意願，幼兒必須經常參與教職員主導的活動（例如：所有幼兒都做美勞活動；強迫一起聽故事）。

1.2 團體活動內容通常對幼兒是不適當的（例如：內容太難；幼兒沒有興趣；活動時間太長）。

1.3 幼兒在團體活動中參與不佳時，教職員通常會顯現負面行為（例如：發脾氣；不許幼兒參與活動）。

3.1 從不強迫幼兒參與團體遊戲活動（例如：當幼兒想要做其他事時，能被允許離開團體活動）。

3.2 團體活動內容通常都是適當的。

3.3 團體活動過程中，教職員通常以積極、接納的態度引導幼兒。

5.1 有幼兒加入或離開團體時，教職員能彈性的調整活動內容（例如：有足夠的教材給新加入的幼兒；為新加入者挪移出空間；當孩子沒有興趣時則結束活動）。

5.2 依幼兒的年齡與能力來規劃團體的規模（例如：2-3 個嬰兒；2-5 個學步兒；4-6 個兩歲幼兒）。

5.3 不參加活動的幼兒，可選擇其他替代性活動。

7.1 經過規劃的團體活動，可促進幼兒的學習成就（例如：空間寬廣使幼兒不會感到擁擠；鼓勵幼兒主動參與；圖書夠大所以每位幼兒都看得清楚）。

7.2 教職員能因應個別幼兒的需求以鼓勵幼兒參與（例如：教職員把不安的孩子摟抱在自己的膝上；為聽障的孩子提供手語）。

---

*說明

項目 31　這個項目所指的是遊戲與學習活動，而非日常例行活動。如果從未實施團體活動，請以允許不適用計分。團體活動是經教職員主導的，而且期望幼兒都能參與。那些在自主遊戲中因為幼兒喜歡同時一起玩而形成的非正式團體則不適用於本項目。非正式團體的例子像是：幾個幼兒和老師共讀一本故事書，或幾個幼兒玩在一起，或在一個老師的督導下獨自玩積木。

嬰幼兒托育環境評量表 修訂版

不適當		最低要求		良好		優良
1	2	3	4	5	6	7

32. 提供障礙幼兒所需*

1.1 教職員未做障礙幼兒的需求評估或搜尋相關的評量工具。

1.2 沒有為障礙幼兒的需求去做調整（例如：相關的調整工作未做規劃，像是老師應學習如何與障礙幼兒互動、中心硬體環境的修整、課程活動的修改、作息時間的配合）。

1.3 家長未協助教職員了解幼兒的需求或一起為幼兒的學習發展設定目標。

1.4 很少讓障礙幼兒和中心其他孩子一起互動（例如：沒有和其他幼兒同桌用餐；只能在旁徘徊而無法融入活動）。

3.1 教職員利用相關評量獲得所需資訊。

3.2 中心有做小部分的調整*以滿足障礙幼兒的需求。

3.3 家長和教職員為幼兒設定一些目標〔例如：家長和教職員出席個別家庭服務計畫（Individual Family Service Plan）會議〕。

3.4 障礙幼兒能和其他孩子共同參與一些活動。

5.1 教職員遵循專業人士（例如：醫生、職能治療師、教育學者）的建議引導活動及互動，以協助障礙幼兒達到設定的目標。

5.2 在硬體環境、課程和作息上均做調整以符合幼兒的需求，使幼兒可以參與許多中心活動。

5.3 家長經常與教職員分享資訊、一同設定目標，以及對中心的教學給予回饋。

7.1 大部分的專業介入都是利用正常教學活動時實施的。

7.2 障礙幼兒完全融入團體中，並參與大多數的活動。

7.3 教職員參與幼兒個別評估與專業介入計畫。

---

*說明

項目32　這個項目僅使用在經鑑定為障礙並在中心註冊的幼兒。否則，這個項目計分為允許不適用。

3.2　「小部分的調整」意指讓孩子受惠的包括：硬體環境部分的整修（像是斜坡道）、作息時間或者活動設計調整，或職能治療師定期到中心為幼兒做復健。

問題

能否描述你如何嘗試去達到中心內障礙幼兒的需求？

1.1、3.1 你是否利用相關評量獲得幼兒的資訊？如何利用這些資訊？

1.2、3.2、5.2 你需要做任何特殊的計畫以符合這些幼兒的需求嗎？請描述你都做了些什麼？

1.3、3.3、5.3 你與家長如何共同做決定，以符合幼兒的需求？請描述。

5.1、7.1 專業的介入服務，像是職能復健是如何進行的？

7.3 你是否參與幼兒個別評估或專業介入計畫？你負責的是哪一類工作？

不適當			最低要求		良好		優良
1	2		3	4	5	6	7

家長與教職員

33. 提供家長所需

1.1 沒有提供與中心相關的書面資料給家長。

1.2 不鼓勵家長來中心做觀察或參與幼兒在中心的課程。

3.1 提供家長保育措施相關的書面資料（例如：各項費用、保育時間、幼兒出席的健康狀況）*。

3.2 家長與教職員分享幼兒相關的資訊（例如：非正式的溝通；提出要求時才安排家長晤談；提供一些親職教育的資料）。

3.3 提供家長或其他家庭成員，一些參與孩子在中心學習的機會。

3.4 家庭成員與教職員，經常以正向與相互尊重的態度互動。

5.1 鼓勵家長在幼兒入學前，先來中心做觀察了解。

5.2 協助家長了解中心遵循的教育理念，與施行的教學實務（例如：家長手冊；幼兒行為處理原則；各種學習活動的介紹；新生家長會議）*。

5.3 家長與教職員分享許多與幼兒相關的資訊（例如：經常做非正式的溝通；所有家長都安排定期晤談；親職座談；定期刊物；有關幼兒健康、安全及發展的親職教育資料）。

5.4 多樣化的活動，鼓勵家長參與孩子在中心的生活（例如：準備生日點心與同班幼兒分享；與幼兒共進午餐；參與家庭餐會）。

7.1 每年實施家長對中心的評量調查（例如：家長問卷調查；團體考評會議）。

7.2 必要時轉介家長尋求其他專業諮詢（例如：特殊親職教育的協助；幼兒健康方面的諮詢）。

7.3 家長與教職員一同參與中心的決策過程（例如：董事會的家長代表）。

---

*說明

3.1、5.2 書面資料必須簡單明瞭，讓所有家長都看得懂。例如：有必要的話，書面資料除中文外，還應提供其他語文的譯本。

問題

1.1、3.1、5.2 是否提供給家長有關介紹中心的書面資料？資料中包含什麼訊息？

1.2、3.3、5.4 是否有任何方法可以讓家長參與幼兒的課堂活動？請舉例說明。

3.2、5.3 你會和家長分享幼兒的相關資訊嗎？如何進行？大約多久一次？

3.4 你和家長間的互動，通常像是什麼關係？

5.1 家長是否可以在幼兒入學前，先參觀拜訪他的班級？這都如何處理？

7.1 家長是否參與中心的評鑑？這是如何執行的？大約多久一次？

7.2 家長若有疑難問題時，你是如何處理？**假使回答不很完全，接著問：**你會轉介家長去尋求其他專業諮詢嗎？

7.3 家長會參與中心的決策工作嗎？是如何執行的？

不適當		最低要求		良好		優良
1	2	3	4	5	6	7

34. 提供教職員個別所需

1.1 未提供教職員專屬空間（例如：沒有區隔開的洗手間、休息室、個人儲物櫃）。

1.2 未提供可以暫時離開幼兒以處理私事的時間（例如：沒有休息時間）。

3.1 有區隔開的成人洗手間。

3.2 幼兒活動區外，有一些供成人使用的家具。

3.3 有一些個人專屬儲物櫃。

3.4 教職員每天至少有一段休息時間。

3.5 若目前教職員中有障礙特殊狀況，中心環境會應其需要而做調整。**允許不適用。**

5.1 休息室設置成人尺寸的沙發；休息室可能為多功能的（例如：辦公室、會議室）。

5.2 提供便利的個人儲物櫃，若有必要，會增加安全措施。

5.3 每日提供早、中及下午的休息時間*。

5.4 提供教職員準備飲料／點心的設備（例如：冰箱；烹飪設備）。

5.5 中心為障礙人士做環境上的調整，即使目前教職員中未聘用障礙人士。

7.1 提供成人區隔開的休息空間（非多功能使用）。

7.2 休息室提供舒適的成人尺寸家具。

7.3 教職員休息時段，可因應需求做彈性上的調整。

---

*說明

5.3 這些需求是以一天工作八小時為基準，工作時間應視情況而分時段調節。

問題

1.2、3.4、5.3 當你可以離開這些孩子稍做休息時，通常都走得開嗎？**假使回答是，接著問：**每天大概在什麼時間？

3.3、5.2 你通常將個人物品儲放在什麼地方，像是外套或錢包？這都是怎麼安排的？

不適當				最低要求		良好		優良
1	2		3	4		5	6	7

35. 提供教職員專業上所需

不適當	最低要求	良好	優良
1.1 沒有電話可以使用。	3.1 電話方便使用。	5.1 有足夠的檔案和儲物空間。	7.1 設備良好的行政辦公室(例如:
1.2 未提供教職員儲放檔案或教材的空間(例如:教職員無空間存放活動需要的教材)。	3.2 有一些檔案和儲物空間。	5.2 有區隔開的行政辦公室*。	電腦、印表機、影印機、答錄機的使用)。
1.3 托育時間內,沒有可以作為個別會談的空間。	3.3 托育時間內,有一些可以作為個別會談的空間。	5.3 提供令人滿意的會談空間和成人大型會議室(例如:多功能或共享空間不會有時段安排的困擾;可確保隱私;成人尺寸的家具設備)。	7.2 中心規劃個別會談和大型會議空間,地點便利、舒適,並與幼兒活動空間相區隔。

---

*說明

5.2 辦公室必須設在中心內、托育時間須對外開放,並提供行政服務,這個指標才可以給分。

問題

1.1、3.1 你能夠方便使用電話嗎?電話在哪裡?

1.2、3.2、5.1 你有可以方便使用的檔案和儲物空間嗎?請描述。

1.3、3.3、5.3、7.2 當幼兒在校的時候,你有可以作為家長/老師會談的空間或大型的會議場所嗎?請描述。

5.2、7.1 中心有規劃行政辦公室嗎?請描述。

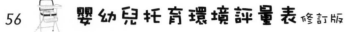
不適當		最低要求		良好		優良
1	2	3	4	5	6	7

36. 教職員的互動與合作*

1.1 幼兒相關需求的資訊，教職員間未作傳達（例如：未傳達幼兒提早回家的訊息）。

1.2 人際關係影響照顧責任（例如：教職員工作時閒聊忽略了照顧幼兒，或彼此間衝突並惡言相向）。

1.3 教職員分工不均（例如：某位老師要承擔大部分的工作，而另外一位老師卻沒做什麼事）。

3.1 一些幼兒相關的基本資訊有做溝通傳達（例如：所有教職員都知道幼兒的過敏體質、特殊的餵食方法、健康資訊）。

3.2 教職員間的人際互動不影響照顧責任。

3.3 教職員的責任被公平地分配。

5.1 教職員每天都會溝通和幼兒相關的訊息（例如：討論特定幼兒的照顧和遊戲活動）。

5.2 教職員間的互動是積極的，並有溫暖和被支持的感覺。

5.3 責任是共盡的，因此照顧和遊戲活動可以順暢的進行。

7.1 至少每隔一週，利用不照顧幼兒的時間，在相同團體或相同室內的教職員有固定共同規劃的時間。

7.2 清楚定義每位教職員的責任（例如：當一位教職員負責迎接幼兒的時候，另一位則準備遊戲材料；當一位完成午餐督導時，另一位準備午休寢具）。

7.3 中心鼓勵教職員間積極的互動（例如：藉由社交活動；鼓勵團體參與專業研習）。

---

*說明

項目36　如果在觀察的時間內，看到有兩位或兩位以上的教職員在同班級工作，或者他們工作的時段不同但是帶的是相同的班級，這個項目才可進行評分。如果這個班級內只有一位教職員，則這個項目應註記允許不適用。

問題

1.1、3.1、5.1 你有機會跟你合班的老師（們）分享幼兒相關的資訊嗎？在什麼時候及多久一次？你們都談論些什麼事情？

7.1 你和你的合班老師（們）有任何對工作做規劃的時間嗎？大約多久一次？

7.2 你和你的合班老師（們）如何決定每個人的工作職責？

7.3 中心是否曾經規劃讓你和其他教職員一起參與的活動？請舉一些例子說明？

不適當		最低要求		良好		優良
1	2	3	4	5	6	7

37. 教職員的持續性

1.1 幼兒必須經常適應許多新的教職員而沒有固定的人來照顧他們（例如：幼兒經常從一個班級換到另一個不同教職員的班級；很多不同的教職員在一個班級內工作；很多教職員來來去去）。

1.2 大部分的幼兒一年內超過兩次會被調換新的班級（例如：幼兒在一年內從嬰兒班換到初學走路的學步兒班再換到學步兒班；班級常重新編組以符合師生比和人數的需求）。

1.3 幼兒在沒有準備下突然換到新的班級或面對新的教職員（例如：在變更之前沒有時間讓幼兒接觸新的教職員；沒有充裕的時間去適應新的課程或教室）。

1.4 經常聘用不了解幼兒或中心課程的代課老師。

3.1 每天由一至兩位固定的教職員來領導團體，並維繫中心的穩定性（例如：主教老師通常有數位助教；主教老師和助教一同規劃進度，所以必定有一位老師在場）。

3.2 幼兒很少在一年內超過兩次換新的班級或被更換教職員。

3.3 在換新的班級或更換新的教職員前，會為幼兒做一些準備工作。

3.4 代課老師不了解幼兒和課程的狀況很少出現，如果有這樣的情形發生，會被解除帶班職務。

5.1 除了固定的老師外，只有少數人（2-3 人）和幼兒一起工作（例如：有限定人數的志工或實習學生；持續聘用相同的「合班共用教師」）。

5.2 幼兒通常和同一位教職員及相同的班級在一起至少一年。

5.3 幼兒逐漸適應新班級或新教職員，在熟悉的成人陪同下逐漸地融入團體（例如：在熟悉教職員陪同下，幼兒利用幾週時間短暫參與新班級的遊戲；家長陪同幼兒拜訪新班級；在熟悉的教職員離開前，新教職員先參與班級活動）。

5.4 有一組固定的代課老師，對幼兒及中心的課程都相當熟悉，並隨時備用。

7.1 通常是一位專屬教職員照顧一小組幼兒（例如：由幼兒喜愛的教職員來帶領大多數活動；由主要照顧者為幼兒規劃活動並和家長溝通）。

7.2 幼兒可以選擇繼續跟隨相同的教職員和留在相同班級超過一年。

7.3 聘用足夠的教職員，必要時是教職員間彼此支援（例如：有固定的「合班共用教師」可以代課，不必考慮師生比）。

問題

1.1、3.1、5.1 每天有多少位教職員和這個班級一起工作？哪一位是這個班級的主教老師？

1.2、3.2、5.2 幼兒是如何分班的？幼兒多常被更換到另一個班級？

1.3、3.3、5.3 如何處理幼兒轉換到新的班級？

1.4、3.4、5.4、7.3 代課老師的需求率有多高？什麼人可擔任代課老師？代課老師需要作什麼準備工作？

7.2 一個幼兒可能與相同的教職員或班級相處超過一年嗎？

不適當		最低要求		良好		優良
1	2	3	4	5	6	7

38. 教職員的評量與管理*

1.1 未對教職員做督導管理*。

1.2 未對教職員工作表現提供回饋或評量。

3.1 對教職員做些許的督導管理（例如：主管作非正式地觀察；有人抱怨時才做觀察）。

3.2 對於教職員的工作表現提供一些回饋。

5.1 管理者對教職員進行年度的觀察評量。

5.2 至少每年度都和教職員檢討書面評量報告。

5.3 評量報告評估教職員的優勢項及待改進的弱勢項。

5.4 以實際行動來提升評量所提供的改善建議（例如：有提升工作知能的訓練；如有必要，可添購新教材）。

7.1 老師參與對自己的評量。

7.2 除年度觀察外，平時亦經常對教職員作觀察並給予回饋。

7.3 管理者是以幫助、支持的態度給予回饋。

---

*說明

項目38　當托育中心只是一個人運作而沒有聘用其他教職員時，這個項目應註記允許不適用。

1.1　詢問接受督導的教職員，而不是督導人員，來得到這個指標的計分資料。假使教職員表示無法回答你的問題時，才需詢問中心的督導人員。

問題

1.1、3.1、5.1、5.2 你的工作有受到任何督導嗎？是如何實施的？

1.2、3.2、5.2、7.3 對於你的表現，中心是否曾給予任何回饋？是如何實施的？多久一次？

5.4 假設改善是必要的，那麼應該如何執行？

7.1 你曾參與對自己的評量嗎？

不適當		最低要求		良好		優良
1	2	3	4	5	6	7

39. 專業成長的機會*

1.1 未規劃新進人員訓練或沒有提供教職員在職訓練。

1.2 沒有舉行教職員會議。

3.1 在新進教職員還未參與教保工作前,提供一些職前訓練,包括處理緊急事件、安全和健康規範。

3.2 提供一些在職訓練。

3.3 召開一些教職員會議以處理行政相關事務。

5.1 完善的新進人員訓練包括與家長、幼兒的互動,幼兒行為處理的方法,和適當活動。

5.2 教職員必須參加定期的在職訓練(例如:參與社區研習;邀請專家學者演講以及在中心內利用光碟做訓練)。

5.3 每個月召開教職員會議,包括教職員成長活動。

5.4 中心內有一些專業資源教材(例如:書籍、雜誌,或其他有關幼兒發展、文化敏感度的教材、教室活動;可以從圖書館借用的一些資源)。

7.1 鼓勵教職員參加中心外舉辦的課程、研習、學術研討會(例如:研修假、旅費、研習費用)。

7.2 以幼兒相關領域為前提的優質專業圖書室,蒐集多元化的最新書籍及教材。

7.3 教職員若未達幼兒保育二專學歷AA,會被要求繼續取得正式的教育資格〔例如:取得高中同等學歷(GED)、幼保人員專業證照(CDA)、二專學歷(AA)〕*。

允許不適用。

---

*說明

項目 39　詢問帶班教職員來得到這個項目的計分資料。假使帶班教職員表示無法回答你的問題時,才需詢問中心的主管。

7.3 AA/AS 學位＝人文藝術和自然科學的準學士學位(Associate of Arts or Science)(二年制)(註:等同於國內二專學歷)
　　CDA 證照＝ Child Development Associate 幼保人員專業證照(一年訓練)
　　GED ＝ General Equivalency Degree(高中同等學歷)

問題

1.1、3.1、3.2、5.1、5.2 中心對教職員提供訓練嗎?請描述這樣的訓練。對於新進人員有什麼作法?

1.2、3.3、5.3 中心會舉行教職員會議嗎?多久召開一次?會議中通常處理什麼事?

5.4、7.2 中心有無任何資源能提供你新的概念、想法?包含了什麼資源?

7.1 中心有提供任何支援,讓你參加研習會或課程嗎?請描述可利用的支援?

7.3 對於沒有二專學歷的教職員,有無任何規範要求他們繼續完成正式的教育?請描述相關規定。

評分表範例及側面圖

評分表範例：觀察 1, 8/6/02　　　　　　　　　　　　　評分表範例：觀察 2, 11/8/02

傾聽與交談

12.協助幼兒了解語言　　　　1 2 ③ 4 5 6 7

	是否		是否		是否		是否
1.1	☐☑	3.1	☑☐	5.1	☑☐	7.1	☐☐
1.2	☐☑	3.2	☑☐	5.2	☐☑	7.2	☐☐
1.3	☐☑	3.3	☑☐	5.3	☐☑	7.3	☐☐
		3.4	☑☐	5.4	☐☑		

經常有社交性對話：「我的小朋友好嗎？」「好可愛的小女孩。」很少稱呼幼兒名字，物品上未貼標籤。

13.協助幼兒使用語言　　　　1 2 ③ 4 5 6 7

	是否		是否		是否		是否 NA
1.1	☐☑	3.1	☑☐	5.1	☐☑	7.1	☐☐
1.2	☐☑	3.2	☑☐	5.2	☐☑	7.2	☐☐☐
				5.3	☐☑	7.3	☐☐
						7.4	☐☐

大約有30%的時間在孩子哭了很久才做回應；沒有口語的回應。

14.圖書的使用　　　　1 2 3 ④ 5 6 7

	是否		是否		是否		是否 NA
1.1	☐☑	3.1	☑☐	5.1	☑☐	7.1	☐☐☐
1.2	☐☑	3.2	☑☐	5.2	☐☑	7.2	☐☐
1.3	☐☑	3.3	☑☐	5.3	☑☐	7.3	☐☑
		3.4	☑☐	5.4	☑☐		

有十七本可以取閱的書；有一位教師唸書給三個有興趣的孩子聽。

A.分量表（項目12-14）：**10**

B.受評項目數：**3**

傾聽與交談平均分數（A÷B）**3.33**

傾聽與交談

12.協助幼兒了解語言　　　　1 2 3 4 5 ⑥ 7

	是否		是否		是否		是否
1.1	☐☑	3.1	☑☐	5.1	☑☐	7.1	☐☑
1.2	☐☑	3.2	☑☐	5.2	☑☐	7.2	☑☐
1.3	☐☑	3.3	☑☐	5.3	☑☐	7.3	☑☐
		3.4	☑☐	5.4	☑☐		

「妳的杯子在這兒，Sarah，妳正拿著它呢！」「去追那個球，Nathan，它在滾動呢！」有許多像以上使用語言的例子。

13.協助幼兒使用語言　　　　1 2 3 4 ⑤ 6 7

	是否		是否		是否		是否 NA
1.1	☐☑	3.1	☑☐	5.1	☑☐	7.1	☐☑
1.2	☐☑	3.2	☑☐	5.2	☑☐	7.2	☐☑☐
				5.3	☑☐	7.3	☐☑
						7.4	☐☑

很少提問題，大部分時間是教師在說話；沒有注意到幼兒使用「我」字的語句。

14.圖書的使用　　　　1 2 3 4 ⑤ 6 7

	是否		是否		是否		是否 NA
1.1	☐☑	3.1	☑☐	5.1	☑☐	7.1	☐☑☐
1.2	☐☑	3.2	☑☐	5.2	☑☐	7.2	☐☑
1.3	☐☑	3.3	☑☐	5.3	☑☐	7.3	☐☑
		3.4	☑☐	5.4	☑☐		

十二個月以上的幼兒未設圖書區；7.3教師口頭報告。

A.分量表（項目12-14）得分：**16**

B.受評項目數：**3**

傾聽與交談平均分數（A÷B）**5.33**

側面圖

III.傾聽與交談
(12-14)

觀察1	觀察2
3.33	**5.33**

分量表平均分數

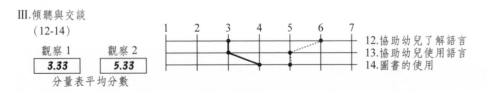

12.協助幼兒了解語言
13.協助幼兒使用語言
14.圖書的使用

評分表

嬰幼兒托育環境評量表—修訂版

Thelma Harms, Debby Cryer, and Richard M. Clifford (2002)*

觀　察　者：＿＿＿＿＿＿＿＿＿＿＿　觀察者代碼：＿＿＿＿＿＿＿＿＿

中心／園所：＿＿＿＿＿＿＿＿＿＿＿　中心代碼：＿＿＿＿＿＿＿＿＿

教　　　室：＿＿＿＿＿＿＿＿＿＿＿　教室代碼：＿＿＿＿＿＿＿＿＿

教師（們）：＿＿＿＿＿＿＿＿＿＿＿　教師編號：＿＿＿＿＿＿＿＿＿

教職員出席人數：＿＿＿＿＿＿＿＿＿

班級中入學孩子的數目：＿＿＿＿＿＿＿

中心允許班級人數的最高上限：＿＿＿＿＿＿＿

孩子在觀察期間出席的最高人數：＿＿＿＿＿＿＿

觀察日期：＿＿／＿＿／＿＿（月／日／年）

障礙孩子的識別碼：＿＿＿＿＿＿

幼兒障礙類型：□身體／感覺　□認知／語言

　　　　　　　□社會／情緒　□其他：＿＿＿＿＿＿

入學孩子的出生日期：最小的＿／＿／＿（月／日／年）

　　　　　　　　　　最大的＿／＿／＿（月／日／年）

觀察開始時間：＿＿：＿＿　□上午　□下午

觀察結束時間：＿＿：＿＿　□上午　□下午

* 評量表影印之同意權僅限於評分表及側面圖的影印，而非整本量表。

空間與設備			

1.室內空間　　　　　　　 1 2 3 4 5 6 7　　備註：

是 否	是 否 NA	是 否	是 否
1.1 □ □	3.1 □ □	5.1 □ □	7.1 □ □
1.2 □ □	3.2 □ □	5.2 □ □	7.2 □ □
1.3 □ □	3.3 □ □	5.3 □ □	7.3 □ □
1.4 □ □	3.4 □ □		
	3.5 □ □ □		

2.日常照顧和遊戲使用的家具設施　　　 1 2 3 4 5 6 7

是 否	是 否	是 否 NA	是 否 NA
1.1 □ □	3.1 □ □	5.1 □ □	7.1 □ □
1.2 □ □	3.2 □ □	5.2 □ □ □	7.2 □ □ □
1.3 □ □	3.3 □ □	5.3 □ □	7.3 □ □
	3.4 □ □	5.4 □ □	7.4 □ □
		5.5 □ □	

3.提供放鬆和舒適的陳設　　　 1 2 3 4 5 6 7

是 否	是 否	是 否	是 否 NA
1.1 □ □	3.1 □ □	5.1 □ □	7.1 □ □
	3.2 □ □	5.2 □ □	7.2 □ □ □
		5.3 □ □	7.3 □ □

4.室內規劃　　　　　　　 1 2 3 4 5 6 7　　備註：

是 否	是 否 NA	是 否	是 否
1.1 □ □	3.1 □ □	5.1 □ □	7.1 □ □
1.2 □ □	3.2 □ □	5.2 □ □	7.2 □ □
	3.3 □ □ □	5.3 □ □	7.3 □ □
		5.4 □ □	

5.為幼兒做的展示　　　　 1 2 3 4 5 6 7

是 否	是 否	是 否	是 否 NA
1.1 □ □	3.1 □ □	5.1 □ □	7.1 □ □
1.2 □ □	3.2 □ □	5.2 □ □	7.2 □ □
		5.3 □ □	7.3 □ □
		5.4 □ □	7.4 □ □ □

A. 分量表（項目1-5）得分___ ___

B. 受評項目數___

空間與設備的平均分數（A÷B）___ . ___ ___

日常例行照顧工作

6.迎接／送離	1 2 3 4 5 6 7	備註：

是否　　　　　　是否　　　　　　是否 NA　　　　是否 NA
1.1 □□　　　3.1 □□　　　5.1 □□　　　7.1 □□
1.2 □□　　　3.2 □□　　　5.2 □□　　　7.2 □□
1.3 □□　　　3.3 □□　　　5.3 □□□　　7.3 □□□
　　　　　　　3.4 □□

7.正餐／點心	1 2 3 4 5 6 7

是否 NA　　　　是否 NA　　　　是否 NA　　　　是否
1.1 □□　　　3.1 □□　　　5.1 □□　　　7.1 □□
1.2 □□　　　3.2 □□　　　5.2 □□　　　7.2 □□
1.3 □□　　　3.3 □□　　　5.3 □□
1.4 □□　　　3.4 □□　　　5.4 □□
1.5 □□□　　3.5 □□　　　5.5 □□

8.午休	1 2 3 4 5 6 7 NA

是否　　　　　　是否　　　　　　是否 NA　　　　是否
1.1 □□　　　3.1 □□　　　5.1 □□　　　7.1 □□
1.2 □□　　　3.2 □□　　　5.2 □□　　　7.2 □□
1.3 □□　　　3.3 □□　　　5.3 □□
　　　　　　　3.4 □□

9.換尿布／如廁	1 2 3 4 5 6 7

是否　　　　　　是否　　　　　　是否　　　　　　是否 NA
1.1 □□　　　3.1 □□　　　5.1 □□　　　7.1 □□
1.2 □□　　　3.2 □□　　　5.2 □□　　　7.2 □□□
1.3 □□　　　3.3 □□　　　5.3 □□　　　7.3 □□
1.4 □□　　　3.4 □□　　　5.4 □□

10.保健措施	1 2 3 4 5 6 7

是否　　　　　　是否 NA　　　　是否 NA　　　　是否 NA
1.1 □□　　　3.1 □□　　　5.1 □□　　　7.1 □□
1.2 □□　　　3.2 □□　　　5.2 □□　　　7.2 □□□
1.3 □□　　　3.3 □□　　　5.3 □□□　　7.3 □□
　　　　　　　3.4 □□□　　5.4 □□□

11.安全措施	1 2 3 4 5 6 7	備註：

是否　　　　　　是否　　　　　　是否　　　　　　是否
1.1 □□　　　3.1 □□　　　5.1 □□　　　7.1 □□
1.2 □□　　　3.2 □□　　　5.2 □□　　　7.2 □□
1.3 □□　　　3.3 □□

A. 分量表（項目6-11）得分＿＿　＿＿

B. 受評項目數＿＿＿

日常例行照顧工作的平均分數（A÷B）＿＿＿ . ＿＿＿ ＿＿＿

傾聽與交談

12.協助幼兒了解語言	1 2 3 4 5 6 7

是否　　　　　　是否　　　　　　是否　　　　　　是否
1.1 □□　　　3.1 □□　　　5.1 □□　　　7.1 □□
1.2 □□　　　3.2 □□　　　5.2 □□　　　7.2 □□
1.3 □□　　　3.3 □□　　　5.3 □□　　　7.3 □□
　　　　　　　3.4 □□　　　5.4 □□

13.協助幼兒使用語言	1 2 3 4 5 6 7

是否　　　　　　是否　　　　　　是否　　　　　　是否 NA
1.1 □□　　　3.1 □□　　　5.1 □□　　　7.1 □□
1.2 □□　　　3.2 □□　　　5.2 □□　　　7.2 □□
　　　　　　　　　　　　　　　5.3 □□　　　7.3 □□
　　　　　　　　　　　　　　　　　　　　　　7.4 □□

14.圖書的使用	1 2 3 4 5 6 7

是否　　　　　　是否　　　　　　是否　　　　　　是否 NA
1.1 □□　　　3.1 □□　　　5.1 □□　　　7.1 □□
1.2 □□　　　3.2 □□　　　5.2 □□　　　7.2 □□
1.3 □□　　　3.3 □□　　　5.3 □□　　　7.3 □□
　　　　　　　3.4 □□　　　5.4 □□

A. 分量表（項目 12-14）得分＿＿ ＿＿

B. 受評項目數＿＿＿

傾聽與交談的平均分數（A÷B）＿＿＿ ． ＿＿＿ ＿＿＿

學習活動

15. 精細動作　　　1　2　3　4　5　6　7　備註：

	是 否		是 否		是 否		是 否
1.1	□ □	3.1	□ □	5.1	□ □	7.1	□ □
1.2	□ □	3.2	□ □	5.2	□ □	7.2	□ □
		3.3	□ □				

16. 肢體活動　　　1　2　3　4　5　6　7

	是 否		是 否		是 否		是 否
1.1	□ □	3.1	□ □	5.1	□ □	7.1	□ □
1.2	□ □	3.2	□ □	5.2	□ □	7.2	□ □
1.3	□ □	3.3	□ □	5.3	□ □	7.3	□ □
				5.4	□ □		
				5.5	□ □		

17. 美勞藝術　　　1　2　3　4　5　6　7　NA

	是 否		是 否 NA		是 否 NA		是 否
1.1	□ □	3.1	□ □ □	5.1	□ □ □	7.1	□ □
1.2	□ □	3.2	□ □	5.2	□ □	7.2	□ □
		3.3	□ □	5.3	□ □		

18. 音樂與律動　　　1　2　3　4　5　6　7

	是 否		是 否		是 否		是 否
1.1	□ □	3.1	□ □	5.1	□ □	7.1	□ □
1.2	□ □	3.2	□ □	5.2	□ □	7.2	□ □
		3.3	□ □	5.3	□ □	7.3	□ □
				5.4	□ □		

19. 積木　　　1　2　3　4　5　6　7　NA　備註：

	是 否		是 否		是 否 NA		是 否
1.1	□ □	3.1	□ □	5.1	□ □ □	7.1	□ □
		3.2	□ □	5.2	□ □	7.2	□ □
		3.3	□ □	5.3	□ □ □	7.3	□ □

20. 扮演遊戲　　　1　2　3　4　5　6　7

	是 否		是 否		是 否 NA		是 否 NA
1.1	□ □	3.1	□ □	5.1	□ □	7.1	□ □
		3.2	□ □	5.2	□ □	7.2	□ □ □
				5.3	□ □	7.3	□ □
				5.4	□ □ □		

21. 沙和水的遊戲　　　1　2　3　4　5　6　7　NA

	是 否 NA		是 否		是 否		是 否
1.1	□ □ □	3.1	□ □	5.1	□ □	7.1	□ □
		3.2	□ □	5.2	□ □	7.2	□ □
		3.3	□ □	5.3	□ □		

22. 自然／科學　　　1　2　3　4　5　6　7

	是 否		是 否		是 否		是 否
1.1	□ □	3.1	□ □	5.1	□ □	7.1	□ □
1.2	□ □	3.2	□ □	5.2	□ □	7.2	□ □
		3.3	□ □	5.3	□ □		

23. 使用視聽及／或電腦設備　　　1　2　3　4　5　6　7　NA

	是 否 NA		是 否		是 否		是 否
1.1	□ □	3.1	□ □	5.1	□ □	7.1	□ □
1.2	□ □	3.2	□ □	5.2	□ □	7.2	□ □
1.3	□ □ □	3.3	□ □	5.3	□ □		

24.鼓勵接受多元文化	1 2 3 4 5 6 7	備註：

	是 否		是 否		是 否		是 否
1.1	☐☐	3.1	☐☐	5.1	☐☐	7.1	☐☐
1.2	☐☐	3.2	☐☐	5.2	☐☐	7.2	☐☐
1.3	☐☐	3.3	☐☐				

A. 分量表（項目 15-24）得分___ ___

B. 受評項目數___

學習活動的平均分數（A÷B）___ . ___ ___

28.紀律	1 2 3 4 5 6 7	備註：

	是 否		是 否		是 否		是 否
1.1	☐☐	3.1	☐☐	5.1	☐☐	7.1	☐☐
1.2	☐☐	3.2	☐☐	5.2	☐☐	7.2	☐☐
		3.3	☐☐	5.3	☐☐	7.3	☐☐
				5.4	☐☐		

A.分量表（項目 25-28）得分___ ___

B. 受評項目數___

互動的平均分數（A÷B）___ . ___ ___

互動

25.遊戲與學習的督導	1 2 3 4 5 6 7

	是 否		是 否		是 否		是 否
1.1	☐☐	3.1	☐☐	5.1	☐☐	7.1	☐☐
		3.2	☐☐	5.2	☐☐	7.2	☐☐
				5.3	☐☐	7.3	☐☐
				5.4	☐☐		

26.同儕間的互動	1 2 3 4 5 6 7

	是 否		是 否		是 否		是 否
1.1	☐☐	3.1	☐☐	5.1	☐☐	7.1	☐☐
1.2	☐☐	3.2	☐☐	5.2	☐☐	7.2	☐☐

27.師生間的互動	1 2 3 4 5 6 7

	是 否		是 否		是 否		是 否
1.1	☐☐	3.1	☐☐	5.1	☐☐	7.1	☐☐
1.2	☐☐	3.2	☐☐	5.2	☐☐	7.2	☐☐
1.3	☐☐	3.3	☐☐	5.3	☐☐		
		3.4	☐☐				

課程結構

29.作息規劃	1 2 3 4 5 6 7

	是 否		是 否		是 否		是 否
1.1	☐☐	3.1	☐☐	5.1	☐☐	7.1	☐☐
1.2	☐☐	3.2	☐☐	5.2	☐☐	7.2	☐☐
1.3	☐☐			5.3	☐☐		
				5.4	☐☐		

30.自主遊戲	1 2 3 4 5 6 7

	是 否		是 否		是 否		是 否
1.1	☐☐	3.1	☐☐	5.1	☐☐	7.1	☐☐
1.2	☐☐	3.2	☐☐	5.2	☐☐	7.2	☐☐
		3.3	☐☐	5.3	☐☐		

31.團體遊戲活動	1 2 3 4 5 6 7 NA

	是 否		是 否		是 否		是 否
1.1	☐☐	3.1	☐☐	5.1	☐☐	7.1	☐☐
1.2	☐☐	3.2	☐☐	5.2	☐☐	7.2	☐☐
1.3	☐☐	3.3	☐☐	5.3	☐☐		

32. 提供障礙幼兒所需　　1 2 3 4 5 6 7 NA　備註：

	是 否		是 否		是 否		是 否
1.1	☐☐	3.1	☐☐	5.1	☐☐	7.1	☐☐
1.2	☐☐	3.2	☐☐	5.2	☐☐	7.2	☐☐
1.3	☐☐	3.3	☐☐	5.3	☐☐	7.3	☐☐
1.4	☐☐	3.4	☐☐				

A. 分量表（項目 29-32）得分 ___ ___

B. 受評項目數 ___

課程結構的平均分數（A÷B） ___ . ___ ___

家長與教職員

33. 提供家長所需　　1 2 3 4 5 6 7

	是 否		是 否		是 否		是 否
1.1	☐☐	3.1	☐☐	5.1	☐☐	7.1	☐☐
1.2	☐☐	3.2	☐☐	5.2	☐☐	7.2	☐☐
		3.3	☐☐	5.3	☐☐	7.3	☐☐
		3.4	☐☐	5.4	☐☐		

34. 提供教職員個別所需　　1 2 3 4 5 6 7

	是 否		是 否 NA		是 否		是 否
1.1	☐☐	3.1	☐☐	5.1	☐☐	7.1	☐☐
1.2	☐☐	3.2	☐☐	5.2	☐☐	7.2	☐☐
		3.3	☐☐	5.3	☐☐	7.3	☐☐
		3.4	☐☐	5.4	☐☐		
		3.5	☐☐☐	5.5	☐☐		

35. 提供教職員專業上所需　　1 2 3 4 5 6 7

	是 否		是 否		是 否		是 否
1.1	☐☐	3.1	☐☐	5.1	☐☐	7.1	☐☐
1.2	☐☐	3.2	☐☐	5.2	☐☐	7.2	☐☐
1.3	☐☐	3.3	☐☐	5.3	☐☐		

36. 教職員的互動與合作　　1 2 3 4 5 6 7 NA　備註：

	是 否		是 否		是 否		是 否
1.1	☐☐	3.1	☐☐	5.1	☐☐	7.1	☐☐
1.2	☐☐	3.2	☐☐	5.2	☐☐	7.2	☐☐
1.3	☐☐	3.3	☐☐	5.3	☐☐	7.3	☐☐

37. 教職員的持續性　　1 2 3 4 5 6 7

	是 否		是 否		是 否		是 否
1.1	☐☐	3.1	☐☐	5.1	☐☐	7.1	☐☐
1.2	☐☐	3.2	☐☐	5.2	☐☐	7.2	☐☐
1.3	☐☐	3.3	☐☐	5.3	☐☐	7.3	☐☐
1.4	☐☐	3.4	☐☐	5.4	☐☐		

38. 教職員的評量與管理　　1 2 3 4 5 6 7 NA

	是 否		是 否		是 否		是 否
1.1	☐☐	3.1	☐☐	5.1	☐☐	7.1	☐☐
1.2	☐☐	3.2	☐☐	5.2	☐☐	7.2	☐☐
				5.3	☐☐	7.3	☐☐
				5.4	☐☐		

39. 專業成長的機會　　1 2 3 4 5 6 7

	是 否		是 否		是 否		是 否 NA
1.1	☐☐	3.1	☐☐	5.1	☐☐	7.1	☐☐
1.2	☐☐	3.2	☐☐	5.2	☐☐	7.2	☐☐
		3.3	☐☐	5.3	☐☐	7.3	☐☐☐
				5.4	☐☐		

A. 分量表（項目 33-39）得分 ___ ___

B. 受評項目數 ___

家長與教職員的平均分數（A÷B） ___ . ___ ___

建議：

總分與平均分數

	分量表得分	受評項目數	平均分數
空間與設備			
日常例行照顧工作			
傾聽與交談			
學習活動			
互動			
課程結構			
家長與教職員			
總計			

嬰幼兒托育環境評量表—修訂版（ITERS-R）

側面圖

中心／園所：＿＿＿＿＿＿＿
教師／教室：＿＿＿＿＿＿＿

觀察1：＿＿／＿＿／＿＿（月／日／年）　觀察員：＿＿＿＿＿＿
觀察2：＿＿／＿＿／＿＿（月／日／年）　觀察員：＿＿＿＿＿＿

I. 空間與設備 (1-5)　　觀察1　觀察2　分量表平均分數
1. 室內空間
2. 日常照顧和遊戲使用的家具設施
3. 提供放鬆和舒適的陳設
4. 室內規劃
5. 為幼兒做的展示

II. 日常例行照顧工作 (6-11)
6. 迎接／送離
7. 正餐／點心
8. 午休
9. 換尿布／如廁
10. 保健措施
11. 安全措施

III. 傾聽與交談 (12-14)
12. 協助幼兒了解語言
13. 協助幼兒使用語言
14. 圖書的使用

IV. 學習活動 (15-24)
15. 精細動作
16. 肢體活動
17. 美勞藝術
18. 音樂與律動
19. 積木
20. 扮演遊戲
21. 沙和水的遊戲
22. 自然／科學
23. 使用視聽及／或電腦設備
24. 鼓勵接受多元文化

V. 互動 (25-28)
25. 遊戲與學習的督導
26. 同儕間的互動
27. 師生間的互動
28. 紀律

VI. 課程結構 (29-32)
29. 作息規劃
30. 自主遊戲活動
31. 團體遊戲活動
32. 提供障礙幼兒所需

VII. 家長與教職員 (33-39)
33. 提供家長所需
34. 提供教職員個別所需
35. 提供教職員專業上所需
36. 教職員間的互動與合作
37. 教職員的持續性
38. 教職員的評量與管理
39. 專業成長與機會

分量表平均分數
空間與設備
日常例行照顧工作
傾聽與交談
學習活動
互動
課程結構
家長與教職員

1　2　3　4　5　6　7

國家圖書館出版品預行編目資料

嬰幼兒托育環境評量表—修訂版／Thelma Harms,
Debby Cryer, Richard M. Clifford 著；倪用直譯.
-- 初版. --臺北市：心理, 2008.10
　　面；　　公分. --（幼兒教育系列；51096）
含參考書目
譯自：Infant/toddler environment rating scale®, rev. ed.
ISBN 978-986-191-196-0（平裝）

1. 托兒所　2. 托育　3. 教育評量　4. 美國

523.28　　　　　　　　　　　　　　　97017636

幼兒教育系列 51096

嬰幼兒托育環境評量表—修訂版

作　　　者：Thelma Harms, Debby Cryer, & Richard M. Clifford
譯　　　者：倪用直
執 行 編 輯：陳文玲
總 編 輯：林敬堯
發 行 人：洪有義
出 版 者：心理出版社股份有限公司
地　　　址：231 新北市新店區光明街 288 號 7 樓
電　　　話：(02)29150566
傳　　　真：(02)29152928
郵撥帳號：19293172　心理出版社股份有限公司
網　　　址：http://www.psy.com.tw
電子信箱：psychoco@ms15.hinet.net
駐美代表：Lisa Wu（lisawu99@optonline.net）
排 版 者：鄭珮瑩
印 刷 者：竹陞印刷企業有限公司
初版一刷：2008 年 10 月
初版三刷：2018 年 8 月
I S B N：978-986-191-196-0
定　　　價：新台幣 200 元